DANS LA RUSSIE DES SOVIETS

Published by Les Editions de Londres

© 2016- Les Editions de Londres

www.editionsdelondres.com

ISBN : 978-1-911572-03-9

Les Éditions de Londres

11, Barnfield road, London W5 1QU

Dans la Russie des Soviets
Albert Londres
1920

Les éditions de
LONDRES
Éditions de livres numériques

Préface des Editions de Londres

« Dans la Russie des Soviets » est un récit d'Albert Londres, écrit suite à un reportage exceptionnel qu'il réalisa en Russie soviétique en 1920. Suite à son licenciement du Petit journal sur ordre de Clémenceau, afin de le punir de la façon dont il a couvert les conditions de vie en Italie suite au Traité de Versailles (annonçant ainsi probablement la montée du Fascisme en Italie), Albert Londres se rend en Russie pour le compte de l'Excelsior.

Albert Londres et le grand reportage

A l'époque, les journalistes ne sont pas *embedded* avec des beaux casques bien luisants, à la traîne de l'armée qui défend la cause du Bien, et qui filment bien là où on leur dit de filmer. Albert Londres incarne la grande tradition des correspondants de guerre. Pour entrer en Russie rouge, le petit bonhomme est seul. Et comme à chaque fois, il déploiera des trésors d'ingéniosité afin d'aller là où on lui dit de ne pas aller, d'entrer là où on lui dit qu'il ne faut pas qu'il entre.

Il faut dire qu'à l'époque, la Russie est non seulement rouge, mais en pleine guerre civile. Ce n'est pas encore l'époque de Staline, où les gouvernements d'Europe Occidentale craignent et anticipent la révolution internationale, ce qui poussera bien des soi-disant démocrates et patriotes à voir d'un œil myope ou bienveillant la montée du fascisme en Allemagne, en Italie, en Espagne et au Portugal.

Cinquante deux jours, c'est le temps qu'il faudra à Albert Londres pour arriver jusqu'à Petrograd. Il part pour Berlin afin de rencontrer un certain Monsieur Kopp, ambassadeur des Soviets. Kopp lui explique qu'il lui faut l'autorisation officielle de Lénine, mais que la demande doit venir de la mission militaire française à Berlin. Devant les protestations d'Albert Londres, Kopp lui donne sa carte de visite sur laquelle il écrit son nom, trois lignes en russe, puis République Socialiste Fédérale des Soviets Russes. Jamais découragé, Londres repart de Berlin en direction de Reval, que Jules Verne appelle Revel dans Un drame en Livonie et dans Michel Strogoff, c'est-à-dire Talinn, la capitale de l'Estonie. Il lui faut six jours de train, cinq heures de négociation dans un bourg nommé Walk par une température de moins vingt, avant d'arriver à Reval, ou Revel ou Talinn, dans laquelle il restera…**« Ce bourg sur la Baltique gelée, avec ses traîneaux glissant en silence, vingt-sept jours durant, errer mon âme en peine. »**.Il y rencontre l'ambassadeur des Soviets Goukosky, qui lui dit de voir Litvinoff, lequel se trouve à Copenhague, où Albert Londres arrive finalement, et auquel il montre son passeport fort de dix-sept visas…Puis il retourne à Helsingfors, se rend à la frontière finlandaise, puis à Terioki, d'où il voit Cronstadt, puis il passe enfin en Russie, difficilement, puis Chouvalovo, à trente-sept kilomètres de Petrograd.

Albert au pays des Soviets

En 1920, Albert Londres est le premier journaliste français à pénétrer en RSFSR, comme on l'appelle à l'époque. Mais en France, 1920, c'est aussi l'année du Congrès de Tours, qui verra la scission de la SFIO en PCF et PS, le grand moment structurant de la Gauche Française au Vingtième siècle. D'ailleurs, Frossard et Cachin sont à Moscou en Juin 1920, donc seulement deux mois après Albert Londres. Ce voyage à Moscou prépare en quelque sorte l'issue du futur Congrès. Enfin, nous ne nous souvenons pas des commentaires émis à l'occasion de la publication du reportage d'Albert Londres, mais nous supposons (et peut être nous trompons nous) qu'ils furent partisans, que Londres fut à l'époque catalogué comme journaliste de droite.

Alors, il est facile et abusif de comparer l'ouvrage avec Tintin au pays des Soviets de 1929. Mais si nous parlons bien de la même époque, les conditions qui conduisent à la naissance des deux œuvres sont presque antinomiques. Si Tintin au pays des Soviets est avant tout une BD anti-soviétique, « Dans la Russie des Soviets » est un reportage. Et puis, n'oublions pas, si la relation d'Hergé est loin d'être objective, les faits qu'il raconte, notamment l'épisode de la visite de communistes anglais dans les usines soviétiques, ne sont pas totalement idiots à la lumière de ce que l'on sait maintenant de l'époque stalinienne.

Comme le dit Pierre Assouline, « **A Petrograd, à Moscou comme ailleurs, il procède de la même manière. Avant d'essayer de comprendre le système et d'interroger les responsables, Londres se promène, traîne, observe.** ».

Et sa condamnation est terrible.

Sur Petrograd : « **D'abord, on ne marche pas dans Petrograd, on erre. Trois cent mille personnes y ont trépassé cet hiver, ce ne sont pas les voitures qui les ont écrasées : il n'y en a pas.** »… « **Petrograd n'est plus qu'une sinistre cour des miracles… »**

Sur les fameux sacs à provisions : « **Personne dans la rue, hommes ou femmes, vieux ou jeunes, qui n'ait à la main un récipient ou, sur le dos, une besace.** »

Sur la faim : « **Ce n'est pas une rareté d'en rencontrer appuyés contre un mur, le temps de laisser passer un étourdissement.** »

Sur le régime politique : « **C'est le dernier degré de la dégradation, ce sont des étables pour hommes. C'est la troisième Internationale. A la quatrième, on marchera à quatre pattes. A la cinquième, on aboiera.** »

« **Le régime ne répond pas au nom dont il est baptisé, République socialiste fédérative des soviets russes, cela c'est son petit nom. Son nom de famille est : dictature du prolétariat.** » … « **L'acte fondamental de leur doctrine est l'antiparlementarisme.** »

Sur le bolchévisme : « **Le bolchévisme n'est pas l'anarchie, c'est la monarchie, la monarchie absolue, seulement le monarque, au lieu de s'appeler Louis XIV ou Nicolas II, se nomme Prolétariat I** »…« **Ce n'est pas un parti politique, c'est un ordre monacal.** »… « **L'homme ne doit plus exister en tant qu'homme, mais en tant qu'atome de la communauté.** »

Sur la politique extérieure russe : « **L'idée d'un impérialisme quelconque est si éloignée de notre nouvelle** conception de rapports entre Etats que nous ne comprenons même plus ce que ce mot veut dire. »

Et surtout, laissant ainsi présager la venue de Staline, Mao, Pol Pot et toutes ces idéologies messianiques, « **Ce qu'ils veulent établir, ce ne sont pas de nouveaux cadres pour parquer la société, c'est le paradis sur terre.** »

Et inlassablement, il raconte ses conversations, explique comment Lénine s'est attiré les foudres de la paysannerie en confisquant leurs terres, conduisant le pays à la ruine et à la famine, il évoque déjà le manque de lucidité de ses camarades français communistes qui entrevoient dans la réalisation soviétique l'intention et non pas la réalité. Il explique le système des soviets, la relation entre bolchéviques et socialistes, rencontre Gorki, analyse les relations entre Lénine et Trotsky, étudie le rôle de l'Armée rouge dans le régime, et émet constamment des doutes non seulement sur le présent, mais surtout sur le *futur* de la société idéale communiste qui se construit devant ses yeux.

Un document rare, exceptionnel !

Situation de la Russie en 1920

La période qui s'étend de 1917 à 1921 est celle dite du **Communisme de guerre**. C'est l'effondrement économique, militaire humain, du d'une part aux conditions extérieures et intérieures qui prévalent (première guerre mondiale, suivie de la guerre civile...), mais aussi aux décisions catastrophiques du régime, mené par Lénine et Trotsky qui conduira à la NEP et au sauvetage économique in extremis de la Russie. La période du Communisme de guerre devrait être une leçon d'histoire obligatoire, puisqu'elle est la démonstration précise de tout ce qu'il ne faut pas faire. En cela, à ceux qui diront que Londres exagère, que la Russie de 1920 ne peut pas être si terrible, nous dirons qu'il n'exagère sûrement pas, mais que cette année n'est pas nécessairement du meilleur cru. Voyons les résultats en 1921 : la production agricole est à environ 60% de celle de 1913, la production industrielle est de l'ordre de 15% de celle d'avant la guerre. Une terrible famine fait cinq millions de morts en 1921. Le total de victimes de la faim est de sept millions et demi sur quelques années, la population de Moscou passe de deux millions à un million deux cent mille, celle de Petrograd de deux millions deux cent mille à sept cent mille ! Guerre civile, dictature absolue, main mise totale des moyens de production industriels et agricoles par l'Etat, propriété, organisation, direction. Et comme on dit, voilà le travail !

Au congrès de Mars 1921, consternés par l'état de déliquescence effroyable dans lequel se trouve la Russie, impressionnés par la révolte des marins de Cronstadt, Lénine et les autres apparatchiks lancent la NEP, c'est-à-dire le retour à la propriété privée, qui constituera l'acte de sauvetage de la république Soviétique.

Alors, exagéré, le reportage de Londres ?

© 2012- Les Editions de Londres

Biographie de l'Auteur

Le plus célèbre journaliste français (1884-1932) est décédé dans des conditions mystérieuses au cours de l'incendie d'un bateau, le « Georges Philippar », en plein Océan Indien. Peut être la vision du journalisme qu'il expose dans cette citation prise et reprise par toutes les biographies (Les Editions de Londres s'excusent de leur manque d'originalité) apporte t-elle un peu de lumière aux circonstances tragiques qui accompagnent la mort du journaliste et écrivain ? « Je demeure convaincu qu'un journaliste n'est pas un enfant de chœur et que son rôle ne consiste pas à précéder les processions, la main plongée dans une corbeille de pétales de roses. Notre métier n'est pas de faire plaisir, non plus de faire du tort. Il est de porter la plume dans la plaie. » Aux Editions de Londres, cette phrase nous semble si juste, nous inspire tellement qu'elle se retrouvera sûrement en page d'accueil un jour prochain.

Inutile de le dire, le choix d'Albert Londres comme troisième auteur publié (dans notre chronologie) n'est pas innocent. Hormis le clin d'œil aux fans de pirouettes sémantiques, voilà bien quelqu'un qui avait le courage de ses idées. De plus, Les Editions

10

de Londres considèrent (peut-être sans originalité) que l'évolution du journalisme depuis trois décennies est assurément un des instruments de la manipulation des masses, ou comme le dit Noam Chomsky, « Manufacturing consent ».

Rien de plus éloigné des idéaux d'Albert Londres. Quel homme admirable ! Quel écrivain ! Quand vous lirez ses ouvrages au fur et à mesure que les Editions du même nom les publient, vous vous en rendrez compte : un humour mordant, une humanité qui déborde le cadre des pages dans laquelle l'esprit s'égare et se mobilise, un sens du rythme et de l'histoire

D'ailleurs, le déclin des valeurs du journaliste s'est aussi accompagné de la disparition d'un qualificatif beaucoup plus proche de la mission que s'était donnée Albert Londres, le grand reporter. Il y aurait une théorie de l'information à écrire, sur les traces d'Albert Londres. Le grand reporter serait ainsi celui d'une époque où l'homme se tourne vers les autres, où son énergie vitale est centrifuge. L'homme moderne est constamment dans une logique de l'analyse de l'extérieur par rapport à soi. Les réseaux sociaux en sont le meilleur exemple : on ne communique jamais avec l'autre que pour un bénéfice personnel. On est entrés dans une logique centripète

Il y a un peu de Tintin chez Albert Londres, un mélange entre l'idéalisme de Don Quichotte et la détermination du Scottish Terrier. Alors, si Albert Londres avait vécu de nos jours, qu'aurait-il fait ? Il n'aurait jamais accepté d'être un de ces journalistes connus. (Les Editions de Londres considèrent que la seule façon d'être un journaliste connu et de garder le respect de soi-même c'est de suivre l'exemple de Mika Brzezinski déchirant le sujet sur Paris Hilton ; d'accord c'est la fille de Zbigniew, et ça aide pour la confiance en soi…). S'il avait vécu de nos jours, il aurait été reporter, il aurait eu un blog, il aurait posté des articles sur Wikipedia.

Dans "Visions orientales", il nous révèle certains aspects du colonialisme en Orient, dans "La Chine en folie", il décrit le chaos de la Chine des années vingt, dans "Terre d'ébène" il dénonce les horreurs de la colonisation en Afrique, dans Le Juif errant est arrivé il décrit la situation des Juifs en Europe centrale et orientale avant la guerre, dans Dante n'avait rien vu il dénonce les conditions de

Biribi en marchant sur les pas de Georges Darien, dans "L'homme qui s'évada" ou Adieu Cayenne !, il demande la révision du procès de Dieudonné, de la Bande à Bonnot...Mais son coup de maître reste le reportage-livre avec lequel Les Editions de Londres commencent la publication des oeuvres de Londres, Au bagne.

Albert Londres

Comment on entre dans la Russie rouge

I

Il est possible que tout voyage à Moscou ne débute pas par Le Caire. Pour celui-là, il en fut comme je vous le dis.

En ce mois de janvier de ce temps-là, j'étais fort sérieusement occupé à contempler, dans cette Basse-Égypte, les soldats de SM britannique qui défonçaient sur le coup de cinq heures — le *five 0 'clock* —, du bout de leur manche à pelle, le crâne des fellahs en révolte, quand la Compagnie de l'Eastern Telegraph fit à mon domicile déposer un message.

« Rentrez à Paris », disait-il. *Yeya el Watam ! Yeya el Watam !* continuaient cependant de crier les Égyptiens, ce qui signifiait : « Vive la patrie ! »

Tandis que, se dirigeant vers le Mousky, passait la procession quotidienne, tenace et sanglante des fils résolus de Cléopâtre, je relisais le télégramme : « Rentrez à Paris. »

C'était une idée de mon journal. Chacun sait que les journaux ayant des idées sur tout, il faut se garder de discuter les idées de son journal, principalement quand elles sont accompagnées d'un chèque en bonne forme.

Paris.

— Voilà ! me dit-on. Nous avons pensé que vous aviez trop chaud au Caire. Voulez-vous goûter de Moscou ?

— Bien ! dis-je.

— Dans combien de temps y serez-vous ?

— Huit jours ! Dix jours ! Sait-on ?

— Bon voyage !

Oui. Sait-on ? Dix jours, avais-je dit ? Ah ! Ma folle tête, tu n'auras jamais le don des chiffres.

À ce moment, j'étais tout à fait un type dans le genre de M. Noulens, ambassadeur de France. Je me figurais qu'on gagnait Moscou comme on atteint Pékin — tout droit. Cependant, où prendre le passeport, puisqu'en cet âge infernal de liberté, un pauvre voyageur sans passeport équivaut sur les routes à un naufragé sans radeau juste au centre du Pacifique ?

— Va toujours ! Approche-toi du but, chanta à mes oreilles la vieille expérience du coureur de grand chemin ; le hasard fera le reste.

Berlin.

— Oui, parfaitement, me dit-on, Berlin possède un ambassadeur des soviets. Son adresse ? Inconnue. Son nom ? Kopp, croyons-nous, Victor Kopp.

Kopp ? Personne ne connaissait cet animal-là.

— Enfin, dis-je, quoiqu'il représente le paradis sur la terre, ce n'est tout de même pas un corps glorieux. Il mange, ce Kopp, boit, dort. Où fait-il tout cela ?

Deux jours se passèrent : puis un Allemand que j'avais lâché sur la piste, à cause de son grand nez, entrouvrit au matin la porte de ma chambre d'hôtel, le sourire frappant son visage comme un rayon.

— Fasenenstrasse ! susurra-t-il. Kopp habite Fasenenstrasse !

Mais il ignorait le numéro.

C'était dans ce quartier de Berlin appelé Wilhemsdorff. Ainsi que le commande la méchanceté des choses humaines, une maison dont on ne sait pas le numéro nous fait, en général, la malice de s'être fait bâtir dans une rue longue d'un kilomètre. C'était le cas.

— Ce rouge, dis-je, me frappant le front, doit loger à droite.

Je tirai les sonnettes de ce trottoir. Kopp n'avait pas donné de démenti à ses convictions : il habitait à gauche. Je le découvris. Ah ! Qu'il est doux d'admirer la tête d'un homme que l'on recherche depuis quarante-huit heures et qu'en tout état de cause il vous semble beau !

— Monsieur, lui dis-je, voici l'affaire, je veux aller à Moscou.

— ...

— Ou c'est l'idéal, le paradis, comme vous le proclamez, et vous n'avez aucun motif de le cacher ; ou...

— Revenez demain, fit Kopp Victor, impeccable gentleman.

Le lendemain :

— Je vais vous aider, dit Kopp. Mais il faut la permission de Lénine. La mission militaire française à Berlin possède un sans-fil. Priez-la de transmettre de ma part votre demande à Moscou. Moscou répondra.

— Oh ! Monsieur, répondis-je. Comment voulez-vous que je demande à un général français d'échanger des ondes avec Lénine ?

— Essayez, dit-il.

— Que nenni ! fis-je.

— Alors, reprit Kopp, voilà tout ce que je puis faire pour vous.

Il prit sa carte de visite, mit deux mots dessus, me la donna.

— Tant mieux si elle vous sert, fit-il.

Tournant la carte entre mes doigts, je sortis. Dessus, il y avait, en petits caractères : « Victor Kopp », puis trois lignes écrites en russe, puis, en grosses lettres, en guise de signature, cinq initiales : RSFSR.

— Qu'est-ce que cela ? me demandai-je.

Cela, malheureux ! C'était le cachet au fer rouge que, troupeaux affamés, portent maintenant des millions de misérables. Cela, c'était : République socialiste fédérative des soviets russes.

Reboucle ta valise, cher vieux correspondant, et, les mains vides, continue de monter vers le nord. Le hasard n'a pas encore dit son dernier bon mot.

Vers Reval, je roulai. Justement, Reval, qui était la capitale d'un pays qu'on appelle Estonie (quel pays !), possédait depuis peu, m'apprenaient les gazettes, un représentant officiel de la République des soviets, vu que l'Estonie venait de faire la paix avec ladite République. Je fus pris subitement de peur à la pensée que j'avais certainement tué mon père et ma mère, comme l'on dit, pour partir ainsi, par la Lituanie et la Lettonie, à la conquête de l'Estonie. Quels pays que ces pays ! Six jours de chemin de fer de Berlin à Reval. Mes pauvres et chères côtes, laissez-moi, aujourd'hui, vous demander pardon, vous ne méritiez pas de tant souffrir. Quant aux passeports, je me souviens d'un certain visa qui reproduisait un cheval, et parce que l'une des jambes de derrière de ce cheval était insuffisamment dessinée à l'encre bleue, cinq heures, vous entendez, cinq heures, une nuit, de la neige jusqu'aux genoux, sous vingt degrés au-dessous, dans un patelin auquel je penserai jusqu'à ma mort, qui s'appelait Walk, cinq heures, je discutai ! Il est vrai que la Société des Nations vient d'ouvrir son palais à ces intéressantes républiques et que, par conséquent, c'est moi qui suis un blasphémateur. Bref, Reval !

Ce *burg* sur la Baltique gelée, avec ses traîneaux glissant en silence, devait voir, vingt-sept jours durant, errer mon âme en peine.

Trois sujets s'imposaient à Reval à votre méditation.

Le premier, c'est que, lorsque vous faisiez signe au cocher qui attendait, le long de l'hôtel, c'est le père du généralissime de l'armée estonienne qui, sur son siège, s'avançait. Il vous crachait des morceaux de chique dans la figure et réclamait d'avance un bon pourboire.

Le second, c'était l'ambassadeur des soviets, Goukosky lui-même, ex-commissaire aux finances. Vous frappiez à sa porte. Il venait en personne vous ouvrir et vous répondait qu'il n'était pas là.

— Alors, reprenais-je, l'ayant parfaitement reconnu, voulez-vous lui transmettre une prière de ma part ?

— Si je le vois, répliquait-il avec sincérité.

Le troisième, c'étaient les hommes et les femmes échappés de la sainte Russie, agrippés à Reval comme des naufragés à leur ponton, tous misérables et déchus, ne possédant plus rien qui ne fût pas à vendre, mais illuminés de joie à la pensée « qu'ils s'en étaient tirés ». Ah ! La poignante signification de leur main devant leurs yeux, quand ils prononçaient : « Petrograd ! »

Les bolcheviques habitaient un hôtel meublé, que leurs silhouettes avaient fini par rendre borgne. C'est là que, pendant quatre semaines, on pouvait me rencontrer, matin et soir. J'attendais la réponse de Lénine. Un courrier diplomatique avait emporté ma demande.

— Camarade ! me répondait-on, vous n'êtes pas patient !

Un jour, un de ces êtres noirs et curieux qui composaient cette mission de fanatiques, constatant que la France n'était pas encore bolchevique, me demanda, d'une voix supérieure :

— N'avez-vous pas honte d'être Français ?

Il ne faut jamais se frapper. Pour la première fois, je le tutoyai.

— Et ta sœur ? lui répondis-je.

Le vingt-sixième matin, de bonne heure, on cogne à ma porte.

— Quoi ? fis-je.

— La réponse vous concernant est arrivée de Moscou. Passez le plus tôt à l'hôtel.

La voici :

« L'entrée dans la Russie des soviets regarde Litvinoff », signé : Tchitcherine.

Litvinoff ? Celui qui est à Copenhague ? Lui-même.

Vous avez du vice ! fis-je.

Vous n'êtes pas patient, camarade.

J'irai à Copenhague. Je serais allé dans la planète Mars chercher ce passeport. Mais, pour l'heure, j'étais prisonnier à Reval : d'un côté, la mer était gelée, impossible de gagner la Finlande ; de l'autre, les Lettons, justement à cause de cette chère vieille ville de Walk, que je n'oublierai pas jusqu'à ma mort, craignant l'arrivée d'un d'Annunzio estonien, avaient déboulonné leurs rails. Bref, la mer dégela avant que les rails ne fussent refixés. Et je piquai sur la Finlande. Et d'Helsingfors, sur la Suède, et de Stockholm, sans souffler, sur le Danemark. Copenhague !

Le camarade ambassadeur Litvinoff avait installé ses dieux lares, hôtel du Prince-Frédéric. C'était bien. Litvinoff était un camarade qui savait vivre.

Je bondis chez lui. On me dit :

— Il va vous recevoir.

J'attends. On m'appelle. Je me trouve en face d'une dame à cheveux rouges.

— Madame, dis-je, je désire voir M. Litvinoff.

— Le camarade Litvinoff, c'est moi, dit-elle.

Je compris, au bout d'un temps, qu'elle voulait dire que lui ou elle, c'était la même chose.

Pendant cinq jours, on ne vit que moi, hôtel du Prince-Frédéric. Je changeais chaque jour de cravate, croyant ainsi séduire la dame rouge. Mais sa vertu était d'acier chromé. De son côté, le duo d'amour ne comportait qu'une phrase :

— Le camarade Litvinoff n'est pas visible.

Le sixième jour, ma cravate devait être de couleur plus tendre que les précédentes, la cruelle, à mon approche, ouvrit une porte. Devant moi, en chair, en tignasse frisée et en binocle, c'était Litvinoff, ce vieux cher camarade Litvinoff !

Il écouta mon discours. Je fus chaleureux, lui de glace.

— Enfin, dis-je, si ce qui se passe chez vous ne peut pas se voir, si c'est une vaste salle d'opérations chirurgicales, refusez-moi le passeport, je comprendrai.

— Je vous téléphonerai, fit l'ambassadeur.

Six jours, j'attendis le coup de téléphone, le temps qu'il fallut à Dieu pour créer le monde, quand, au soir de ce sixième jour, un événement mémorable descendit sur ma destinée et la fixa : M. Barthou venait de prononcer, à la Chambre française, un discours sur le bolchevisme. Rebondissant sur le monde, ce discours passa par Copenhague. Les journaux danois l'étalaient. Je sautai chez un traducteur. Ainsi, j'appris que l'honorable M. Barthou (qu'il soit béni !) avait tenu au Palais-Bourbon le même langage qu'inlassablement, je faisais entendre à la dame rouge autant qu'à Litvinoff. Il se résumait en ceci :

— Si nous nous sommes trompés sur les soviets, qu'on nous le dise.

Bref, je revis Litvinoff.

— Eh bien ! fis-je triomphalement, tendant le discours, vous mentais-je ? Voilà l'état d'esprit en France. M. Barthou est un considérable personnage, un académicien, quoi !...

— Vous avez votre passeport ? fit Litvinoff.

— Voilà, fis-je, dépliant quatre-vingt-cinq centimètres d'un papier bariolé, composé de morceaux rajoutés bout à bout.

— Il est déjà bien long, fit-il.

— Dix-sept visas pour arriver jusqu'à vous, répondis-je orgueilleusement.

Il ouvrit un tiroir.

— Ça fera dix-huit ! fit-il.

Il sortit un tampon, le colla au-dessous des autres, prit sa plume, et d'une encre rouge vif parafa : « RSFSR. »

Que la vague d'enthousiasme qui enveloppa le cœur de Christophe Colomb quand il entendit crier : « Terre ! » fut d'une aussi belle venue que celle qui, à cette minute, de haut en bas, bouleversa le mien, je défends au navigateur de le prétendre. Flèche lancée, je filai sur Helsingfors.

C'était la guerre entre les Soviets et la Finlande, par conséquent il y avait un front. Vous allez prétendre que je n'avais qu'à franchir une seconde fois le golfe pour pénétrer en Russie par l'Estonie. Non ! Si l'Estonie avait vu poindre le bout de mon nez, elle aurait commencé par me mettre en prison. Cela, parce que je n'étais pas un ami des peuples jeunes. Et je n'étais pas un ami des peuples jeunes parce que j'avais écrit que donner l'indépendance à des pays de cette maturité, c'était la même chose que de dire à un enfant de trois mois : « Maintenant, lâche ta nourrice, tu es libre, vis ta vie ! »

Ayant tangué pendant cinq jours dans la bonne ville d'Helsingfors, du ministre des Affaires étrangères au généralissime, et de généraux en colonels, j'obtins le papier magique.

« Ordre au commandant du secteur de Terioki, disait-il, de faire passer, dans un moment favorable, le porteur de cette lettre sur le territoire de la Russie. »

En selle pour le dernier obstacle.

II

Ici, découvrons-nous, comme on le fait à l'entrée des cimetières. Nous ne sommes pas encore dans la Russie des soviets, mais dans sa banlieue. Pour tout dire, nous pénétrons dans l'allée de pins qui, d'ordinaire, précède les nécropoles : nous arrivons à Terioki, dont le nom chante comme un rossignol. C'est la nuit : six heures. De l'autre côté de la Baltique, quelques points de feu : Cronstadt.

Je devais passer la ligne le lendemain matin. Une datcha (maison de campagne) tenait lieu d'auberge. Elle était comble. On ne voulait pas me recevoir. Il y avait là, les uns sur les autres, des rescapés, des « veinards », qui avaient réussi l'évasion. Ils me confondirent avec l'un d'eux et me demandèrent comment j'avais fait, et depuis combien de temps j'avais quitté Petrograd.

— Mais, dis-je, je n'en reviens pas, j'y vais.

Ils me prièrent de ne pas plaisanter. Je leur expliquai mon cas. Alors, ils se turent et me regardèrent.

Tous, subitement, s'empressèrent. Il n'y avait plus de lit, ils m'en trouvèrent un. Ils remettaient des bûches dans la cheminée et me disaient : « Chauffez-vous ! » comme s'ils me voyaient déjà de « l'autre côté ».

20

— Vous avez bien réfléchi, au moins, à ce que vous entreprenez ? me disaient-ils.

Ils cherchaient des soins dont ils pourraient m'entourer. L'un, qui, pensant sans doute et déjà à ma tombe, apporta des fleurs. Ils voulurent savoir combien j'emportais de provision.

— Aucune ! dis-je.

Alors, sans me consulter, ils donnèrent des ordres aux servantes. Les servantes revenaient, les bras chargés de pain, de beurre, de sucre, de jambon, de quartiers de lard. Chacun collaborait à la confection du paquet.

— Des bougies ! cria une dame ; on a oublié les bougies !

— Le sel, disait un autre. Deux kilos ! jetait-il à la servante, qui repartait, courant.

— J'ai deux valises ! Je n'aime pas les charges. Ce colis est trop gros, je ne l'emporterai pas, fis-je.

— Dans quinze jours, vous nous bénirez, répondaient-ils. Le lendemain matin, le paquet, augmenté, pesait lourd.

— Comment voulez-vous que je passe les lignes avec ça ? Je le laisse.

Ils me le mirent eux-mêmes de force sur le dos, répétant :

— Vous nous bénirez !

J'étais aux portes. De Terioki à Raïaïoki, la frontière, vingt minutes de chemin de fer. Dans le train, une dame se rendait à Raïaïoki. Quand elle apprit que j'appareillais pour Petrograd, elle poussa une exclamation de pitié. Après, je vis qu'elle me prenait pour un monstre ou un fou.

Raïaïoki ! Un sous-officier finlandais m'attend.

Deux soldats chargent mes bagages. En route ! Notre petite troupe avance, précédée d'un drapeau blanc. Halte ! Un ruisseau : la frontière ! Le sous-officier agite son fanion de parlementaire. De l'autre côté du ruisseau, fusil en main, apparition du monde bolchevique, un soldat rouge nous regarde. Il se baisse, ramasse un objet. C'est un drapeau blanc. Il répond.

Le Finlandais prend mon passeport. D'une voix de sentence, il lit le visa de Litvinoff. Le soldat rouge, qui s'en moque bien, fait un geste las qui signifie :

— Qu'il avance !

Des planches forment passerelle. Adieu, Finlande ! Salut, Lénine !

Il est gentil, ce soldat rouge. Il voudrait porter mes valises, mais il n'est pas fort. Nous nous en chargeons ensemble. Nous allons. Nous ne sommes plus que tous les deux dans cette campagne ravagée. Nous enjambons des tranchées, nous écrasons les fils de fer barbelés. Autant dire que me voici revenu correspondant de guerre.

Nous faisons cinq cents mètres, un kilomètre, toujours tous les deux seuls. Nous avons coupé plusieurs fois ce chemin par des repos. Il ne parlait pas ma langue. Je n'entendais rien à la sienne. Je tirai du sac un pain blanc de Finlande. Un pain blanc ! Mange ! Mon ennemi, mange-le tout !

Il me conduisait vers une maison de bois. Là, cinq rouges tenaient l'avant-poste. Le chef était une de ces grandes brutes du Nord qui s'imaginent que, si la nature leur a donné de longs bras, c'est pour assommer le voisin. Ma présence, en ce lieu sacré, lui paraissait étonnante !

— Litvinoff, lui criai-je, en plein dans le nez. Litvinoff ! Mais il n'avait pas plus entendu parler de Litvinoff que de Jules César ou de Mme la comtesse de Noailles. L'un des cinq semblait plus malin. Il lui expliqua, du moins je l'imagine, que Litvinoff était un chef bolchevique plus haut placé que lui.

La grande brute me fit un geste qui voulait dire :

— Attendez là.

Ayant, après cinquante jours, atteint le but et sauvé l'honneur, je me couchai contre la maison de bois et m'endormis la tête sur ma valise.

Pendant mon sommeil, la grande brute avait téléphoné à Petrograd. On savait, maintenant, ce que l'on ferait de moi. Sur le coup de cinq heures du soir, on me pria de me remettre en route, entre deux soldats. On m'emmenait vers un train.

III

On aurait dit qu'à mesure que j'avançais, l'air de la Russie se raréfiait. Je recevais, à mon insu, le baptême du bolchevisme. J'avais déjà une main sur la nuque.

Trente-sept kilomètres du front à Petrograd. Ce ne sera pas long. Nous voici dans un wagon pourri.

— Chouvalovo ! J'approche ! me dis-je.

.Je n'approchais pas, j'étais arrivé.

— Camarade, fit un homme, me frappant sur l'épaule, descendez ici.

Je ne connaissais pas ce personnage. Il venait de monter dans le compartiment.

— Je ne suis pas encore au but. Je vais à Petrograd, fis-je.

— Nous vous connaissons. C'est un ordre. Descendons. Me montrant aussitôt deux gosses qui chargeaient mes valises, il ajouta :

— Suivez les camarades.

Et il disparut. Je suivis. Les « camarades » ne s'arrêtaient pas. La nuit était presque entièrement venue.

— Est-ce qu'ils me conduiraient à Petrograd à pied ?

Deux « datchas » jumelles. C'est là que l'on va me « déposer ». Les gosses poussent une porte, déchargent leur fardeau, me laissent et s'en vont. Il fait nuit et noir. Je suis dans un couloir.

Je me promène, frappe aux portes. Rien. Le cou tendu, du bas de l'escalier, je crie :

— Il n'y a personne ?

Personne. Je monte au premier. J'appelle.

— Alors, c'est le désert ?

Rien. Pas un écho. Bizarre !

Ne nous frappons pas. Asseyons-nous. Nous en verrons d'autres !

Un pas. J'entends un pas. Je me dresse. Alors, s'échappe un cri. Ma silhouette, surgissant dans l'ombre, vient d'effrayer quelqu'un. C'est une dame. Elle porte une lanterne.

— Pardon, madame ! fis-je. Pardon deux fois, pour vous avoir surprise et pour me trouver ainsi chez vous.

— Vous n'êtes pas chez moi, dit-elle. C'est moi qui viens me mettre à vos ordres. Je parle le français. On vient de me faire sortir de prison pour vous servir.

La dame avait les cheveux tirés d'une femme qui depuis longtemps ne connaît plus la coquetterie. Elle était mise misérablement ; mais, pour dire son passé, elle avait, ce dont personne ne pouvait la dépouiller, son grand air.

Je lui demandai ce que je faisais ici, si elle le savait.

— Oui, répondit-elle, que faites-vous ici ? Vous quittez Paris pour venir ici ? Paris ! murmura-t-elle, se recueillant.

Je cherchai des bougies dans mon sac (« Dans quinze jours, vous nous bénirez ! », m'avaient dit les rescapés. Je n'attendais pas quinze jours !). Il fit un peu plus clair. Cette dame me regardait du même regard que les autres Russes rencontrés en chemin.

— Pourquoi me regarde-t-on comme un phénomène, madame ?

— Mais, dit-elle, vous avez un pardessus, de vraies chaussures, une vraie chemise, un vrai faux col ! Vous n'avez pas encore l'air d'un chien battu. Vous êtes tout l'ancien temps !

— Ici ? demandai-je.

Elle se contenta d'abaisser douloureusement les paupières...

Soudain, comme voulant chasser un fantôme, elle se réveilla.

— Avez-vous du thé, du sucre ? dit-elle. Moi, je puis vous prêter une petite lampe.

Elle disparut, alla chercher l'instrument dans sa prison, revint.

— J'ai mieux que du thé et du sucre.

J'ouvris tout grand le sac.

Elle s'exclama :

— Du pain blanc !

— À table ! dis-je.

— Non ! fit-elle.

Elle repoussa vingt fois ce que je lui offris et qu'elle caressait du regard et du souvenir.

— On le saurait, répétait-elle.

— Eh ! dis-je, manger du pain blanc n'est cependant pas un crime contre-révolutionnaire ?

— On le saurait !

Nos bougies ne faisaient qu'une faible lumière. Le vent menait un assez joli vacarme dans le bois et venait siffler sur le toit de la « datcha ». Et nous ne vous cacherons pas que c'était une des ces soirées où l'angoisse n'est pas loin du cœur.

Avidement, mon étrange compagne me posait des questions :

— Lave-t-on toujours le linge, à Paris ?

— Quelle idée ! faisais-je.

— Alors, il y a encore des voitures qui circulent et on peut les prendre pour sortir ?

— Mais...

— Il y a encore des magasins ?

— Madame, disais-je, vous avez faim, je le vois ; mangez.

— L'habitude en est prise. Nous n'avons plus faim, maintenant.

Elle continuait :

— Alors, on peut rendre visite à ses amis ? Recevoir des lettres ? Tenir les propos que l'on veut ?

Et, le cœur alors éclatant :

On peut dormir en paix dans son lit, sans être réveillé par d'affreuses mains qui vous secouent et qui viennent perquisitionner ! per-qui-si-tion-ner !

Elle voulut prévenir ses larmes et changea de ton. Passant rêveusement ses doigts sur ses cheveux lisses, gracieuse, elle demanda :

— Alors, on peut encore se faire coiffer, à Paris ?

L'invraisemblable tête-à-tête dura jusqu'à trois heures du matin. Quand la conversation tombait, outre ce fameux vent, on entendait des colonies de rats qui menaient une folle sarabande dans l'étage. Elle ne me dit ni son nom ni son crime. Quand je lui parlais de la Russie de Lénine, elle ne répondait pas et me faisait comprendre que, même lorsqu'il n'y a que des ombres, il faut prendre garde à ce que l'on dit dans cette Russie où j'arrivais.

À trois heures, elle se leva. Elle devait rentrer, rentrer en prison.

— Pourquoi, à trois heures ? demandai-je.

— Un ordre ! répliqua-t-elle.

Je tirai un flacon d'eau de Cologne de ma valise.

Elle n'avait rien voulu accepter, ni pain, ni beurre, ni sucre. Elle avait eu peur. Je lui tendis le parfum. La tentation, cette fois, était trop irrésistible. Tant pis ! Elle le saisit rapidement, le glissa dans son corsage.

— Merci, dit-elle. Elle eut deux larmes.

— Bonne chance, madame !

Sur une chaise longue pouilleuse, au milieu du *steeple-chase* des rats, s'acheva ma première et mystérieuse nuit de Russie. Je l'avais vécue dans l'antichambre de la prison. Où passerais-je la seconde ? Au matin, vers neuf heures, la maison s'anima. Le camarade commissaire, flanqué du camarade interprète, venait m'interroger. Ils me demandèrent si j'avais « fait » une bonne nuit. Alors, je compris que j'avais reçu une hospitalité de choix.

— Combien avez-vous d'argent ? ajoutèrent-ils aussitôt.

Je leur répondis que, depuis la veille, au taux du change, j'étais millionnaire et que c'était une bien forte sensation. Ils sourirent de mon innocence et me firent préciser la somme en francs.

— À quel parti politique appartenez-vous ?

Je dus leur répondre que je ne savais pas. Et je leur parus un pauvre garçon.

— Pourquoi venez-vous en Russie ?

— Parce que Litvinoff me l'a permis.

— Et votre but ?

— Voir.

— Eh bien ! rit le tout-puissant commissaire, vous voyez que l'on ne vous a pas encore mangé.

Je l'en remerciai.

Et, m'ayant sérieusement toisé de haut en bas :

— Allons, on va vous faire conduire à Petrograd !

Voilà, monsieur Adolphe Brisson, comment on entre dans la Russie rouge.

La désolation de Petrograd

Alors, cela, Petrograd, c'est fantastique. On dit que c'est une ville assassinée, ce n'est pas assez : c'est une ville assassinée depuis deux ans et laissée là sans sépulture, et qui maintenant se décompose.

Ce n'est pas le cœur qui se serre à son contact, c'est le cerveau. Il faut interrompre sa marche vingt fois par heure, tant est impérieuse la nécessité de se certifier à soi-même qu'on voit bien ce qu'on voit et que ce n'est pas votre esprit qui déraille.

Nous n'avons pas pour but de raconter des histoires fantasmagoriques ; nous nous sommes juré de ne regarder les faits par aucune jumelle politique ; nous ne sommes pas venu les bras chargés d'épithètes malsonnantes pour les déverser sur les bolcheviques ; nous dirons, face à leurs crimes, les rêves, les efforts, l'acharné labeur des chefs — des chefs seulement, le reste de la Russie, sous cette dictature du prolétariat dont le veau d'or est le mot « travail », ne faisant absolument rien, *mais rien du tout.* Nous examinerons la médaille sous ses deux faces. Mais il faut bien commencer par un côté, il faut bien lâcher le cri qui, au premier contact, vous monte à la gorge, il faut bien décrire Petrograd.

D'abord, on ne marche pas dans Petrograd, on erre. *Trois cent mille personnes* y ont trépassé cet hiver, ce ne sont pas les voitures qui les ont écrasées : il n'y en a pas. Mettons qu'il y en ait quatre, oui, quatre voitures pour la capitale de la Russie, pour Petrograd (deux millions d'habitants en 1914). C'est le typhus qui, passant par là et découvrant ces trois cent mille recroquevillés sous la faim et le froid, s'est mis à jouer avec eux. Il en a abattu sans fatigue quatre-vingt mille par mois.

Les traîneaux, les plates-formes des trams charriaient en tas ces cadavres, par les rues, vers la fosse commune. Les chevaux sont tombés, tombés de faim, comme des hommes et, sur place, ont été dépecés.

28

Les chiens ne sont plus, ils ont tenu longtemps : « Nous n'aurions jamais cru que nos chiens pussent souffrir avec tant de bonté dans les yeux », disent leurs maîtres, se souvenant. Plus de chats, même maigres. Plus un seul des innombrables pigeons, oiseaux sacrés pour les orthodoxes, qui peuplaient la capitale. Ont-ils émigré ? Ont-ils été mangés, malgré qu'ils fussent le Saint-Esprit ? On n'ose pas se prononcer. Plus de moineaux. Les oiseaux des villes ont disparu, les oiseaux des bois sont arrivés. Les arbres des squares ont maintenant des pinsons et des rossignols. Le lichen commence à mordre les troncs. Oiseaux et plantes proclament la conquête de la cité par la nature.

Les maisons sont salies, fanées, souillées. On n'y pénètre plus que par l'escalier de service, la porte principale (c'était du luxe) est condamnée.

Un coup d'œil dans les cours, les escaliers, et immédiatement vous vous mettez sur la pointe des pieds : on ne marche pas carrément dans semblable ordure.

Banques, hôtels, grands comptoirs, restaurants, tout ce qui fut immeuble public n'est plus que casernes, hôpitaux, entrepôts, débarras. Le Crédit Lyonnais est un dépôt de bois. C'est sur la Nevski qu'il faut contempler la catastrophe. Il faudrait pouvoir jeter sur ce papier, à la fois, tout ce qui bondit aux yeux, les passants et les choses. Commençons par les choses, les passants viendront après. Ah ! Les passants de Petrograd !

Plus de commerce, partant plus de magasins. Ce n'est pas le blocus, ce ne sont pas les circonstances qui ont bouclé les boutiques, ce sont les principes.

Les boutiques ne se sont cependant pas envolées ; elles sont là, béantes, le long de la Perspective. Plus de commerce, disions-nous, quelle erreur ! À cette vitrine, où jadis on vendait de la lingerie, voilà ce que l'on propose : de vieux bouchons, des assiettes fendues, des bas noirs reprisés de gris, des canifs réclames de maisons de champagne (trois mille roubles, l'un de ces canifs).

Dans une autre, jadis bijouterie, des sacs à provisions (comme s'il y avait des provisions !) rapiécés et sur-rapiécés. Plus loin, des peignes édentés, plus loin de la paille, de la vraie paille (cela dans une ex-pâtisserie), plus loin, et alors, là, c'est comme si subitement vous rencontriez un voyageur en smoking, au centre du Sahara, là des parfums : *Mon Rêve* (seize mille roubles), *Idéal rêvé* (dix huit milles roubles). Cynique, dans ce décor, cet « Idéal rêvé », cynique ainsi que les menus d'autrefois de 1912, de 1913, affichés par dérision, sur leur carton doré, aux volets, pardon ! aux vitres (il y a beau temps que les volets, de même que les pavés, de même que vingt mille maisons de bois ont flambé dans les cheminées), aux vitres de la Nevski où, le ventre creux, la face cireuse, vont les passants, la chaîne au cou.

En octobre 1917, les bolcheviques, prenant le pouvoir, ont saisi Petrograd, l'ont comme pendue à un crochet et l'ont écorchée de sa civilisation. Petrograd n'a conservé de son ancien rang de ville que le tracé de ses rues. Sur leur front, les Anglais, quand un village avait disparu, plantaient à sa place un poteau où était écrit : « Ici tel village ». Là ce sont les palais qui proclament : « Ici était une capitale ». Quand vous vous promenez, vous ne demandez plus à votre compagnon, en passant devant ce jardin ou ce monument : « Qu'est-ce que c'est ? » mais : « Qu'est ce que c'était ? » Ce n'est plus une cité du vingtième siècle, c'est une agglomération d'hommes luttant non pour la vie, mais contre la mort.

Les sept cent mille habitants qui tiennent encore n'ont plus d'autre but dans l'existence que la recherche immédiate de la pâture. Affamé, pour conquérir une maigre proie qui le soutiendra encore, chacun traîne péniblement ses pas à travers sa déchéance. L'homme est redevenu un loup pour l'homme.

Personne dans la rue, hommes ou femmes, vieux ou jeunes, qui n'ait à la main un récipient ou, sur le dos, une besace. À Paris, nos dames ont des petits sacs, ici elles sortent avec des paniers ou des brocs : elles vont à la soupe commune ou en reviennent. Sur cette Nevski (nos boulevards), les gens circulent portant l'infâme bouillon dans des seaux hygiéniques. On n'attend pas d'être rentré chez soi pour l'engloutir ; on mange, on boit à l'endroit même où l'on tombe sur sa pitance, comme les animaux.

Deux années de noire misère, de terreur ont abattu tous préjugés. Quand un mortel heureux est rencontré traînant des pommes de terre, tous, intellectuels, bourgeois, employés, tous les ci-devant échappés au bain de sang se précipitent sur lui, demandant : « Où les avez-vous trouvées ? »

Si c'était par la mise et uniquement par elle qu'on reconnût les classes, la lutte des classes serait close dans la dictature du Prolétariat.

Il n'est plus que de vieux vêtements ; quand on en voit de neufs, ils sont taillés dans les rideaux. Un costume, cent mille roubles. Et il faut s'inscrire.

Des souliers, il n'y en a plus. Comme faire laver son linge : c'est réclamer la lune ; le linge est porté plus longtemps noir que blanc.

Ah ! Les passants ! Non, ils ne meurent pas de faim dans la rue, on ne meurt pas de faim comme cela, mais ils s'acheminent vers la mort par la famine. Ce n'est pas une rareté d'en rencontrer appuyés contre un mur, le temps de laisser passer un étourdissement. Et ces grandes dames signalées par tous les correspondants dès le début du cyclone vendant, sur la place publique, d'un air crucifié, leurs anciennes richesses, elles y sont encore, mes chers confrères. Elles en sont à leurs dernières dentelles. Et, écœurante mascarade, la fille de vaisselle, basse sur pattes, se promène toujours, un splendide manteau de vison sur le dos, balayant le trottoir, au bras de son homme.

Si Petrograd n'est sûrement plus une ville, c'est au moins un campement, campement de soldats, vainqueurs des blancs, mais pouilleux et vidé. Soldats aux portes, affalés sur des chaises, et enfilant à leur baïonnette, sans les lire, et pour cause !, les permissions d'entrer ; soldats aux fenêtres, soldats en masse aux carrefours, spéculant, vendant et revendant. Ce sont les nouveaux marchands du Temple.

Trotski, se souvenant de son illustre coreligionnaire, a beau donner du fouet, il ne les disperse que pour les rassembler plus loin.

Campement de loqueteux, de déchus, d'exilés du bonheur, Petrograd n'est plus qu'une sinistre cour des miracles, mendiants attendant aux portes désignées, la portion qu'on leur jettera. Et, saisissante aberration de la misère, parmi ces groupes âpres eux-mêmes à la conquête du morceau de pain, des pauvres, des pauvres à la manière d'autrefois, pour une partie de la pesée, tendant la main !

Un œuf, deux cent cinquante roubles, un litre de lait, neuf cent roubles ; une livre de beurre, trois mille roubles ; une de sucre, deux mille six cents roubles ; une de pain, de pain noir, hors la ration (soixante quinze grammes par jour, troisième catégorie), trois cents roubles. Alors, vous comprenez : l'espoir, le seul espoir, l'unique recours, ce qui permet à ceux qui ne sont pas au service de la dictature, à qui on a tout pris, de ne pas mourir encore, c'est la soupe soviétique.

Entrez là-dedans, dans ces soupes. C'est les yeux agrandis que nous avons regardé distribuer cette manne communiste. De trois à quatre heures, le troupeau humain s'y traîne. Chacun porte son écuelle, ou une vieille boîte de conserve, ou un ex-plat à barbe, voire de vraies gamelles. Ils tendent cela au comptoir graisseux. La portion de bouillon immonde, éclaboussant, tombe comme elle peut dans leurs baquets. Avidement, ils l'avalent. C'est le dernier degré de la dégradation, ce sont des étables pour hommes. C'est la troisième Internationale. A la quatrième, on marchera à quatre pattes, à la cinquième, on aboiera.

Excelsior, *12 mai 1920.*

Sa Majesté Prolétariat Ier

Moscou, avril 1920

Aux premiers sifflements du raz de marée qui retourna la Russie, en octobre 1917, alors que le mot bolchevique, sans orthographe encore définie, résonnait d'un son inconnu aux oreilles du monde, gouvernements, hommes politiques, témoins crurent se tirer de la difficulté de situer ce phénomène social, en disant de Lénine et de son équipe, de tous les souffleurs de ce cyclone : ce sont des bandits.

C'était penser succinctement.

Qu'ils aient baigné de sang la Russie, dans l'intention, le déluge fini, de ne voir surnager que ceux qui sortiraient de l'arche communiste ; qu'ils aient déchaîné leur meute sur la fortune, le bien-être, le bonheur édifiés sous des lois dont ils venaient briser les tables ; qu'ils aient assassiné non seulement le passé de leur pays, mais son présent ; qu'ils aient signé la paix de Brest-Litvosk, pour quelle cause croyez-vous qu'ils aient agi ainsi ? Était-ce pour la seule joie de se venger ? Était-ce pour voler, bourrer leurs poches et décamper ? Était-ce pour que l'herbe ne repoussât plus où ils auraient marché ? Etait-ce pour faire le jeu des Allemands ? Non. C'était pour tailler un empire au marxisme.

Ils ont détruit pour reconstruire, du moins, c'est leur illusion.

En France, et partout, quand il est question de ce gouvernement qui tient depuis trente mois, bien qu'il dût être balayé dans la semaine (cela ne veut pas dire qu'il soit victorieux, il n'a pas vaincu tous ses ennemis ; les plus redoutables se dressent face à lui : ses utopies), en France, on proclame : « Aucun rapport avec lui, tant qu'il ne rentrera pas dans la ligne démocratique. Qu'il donne le suffrage universel à son peuple, et nous renouerons les relations. » Est-ce possible que l'on en soit encore là ?

C'est justement contre la démocratie, contre le suffrage universel que le bolchevisme a fait la révolution. Ce n'est pas par hasard, ce n'est pas par circonstance, qu'il a jeté bas ces vieilles conquêtes, c'est par principe. Ce n'est pas une république que Lénine est venu installer en Russie, c'est une dictature.

Le régime ne répond pas au nom dont il est baptisé, République socialiste fédérative des soviets russes, cela c'est son petit nom. Son nom de famille est : dictature du prolétariat. Ne croyez pas que les maîtres de l'heure s'en cachent, qu'ils cherchent à tromper, et la Russie, et l'Europe, et le monde. Ce qu'on ne peut leur refuser, c'est la franchise de leurs ambitions. Quand on leur demande : « Quand ferez-vous les élections ? », ils vous regardent comme un chevalier du Moyen Âge. « On n'a donc encore rien compris chez vous à notre mouvement ? On croit donc que nous allons convoquer un Parlement ? »

L'acte fondamental de leur doctrine est l'antiparlementarisme.

Ils ont divisé la Russie en deux : les prolétaires (nous ne disons pas les travailleurs, car si les prolétaires apparaissent en Russie sous la forme de masses, les travailleurs ne se montrent que sous celle d'échantillon), les prolétaires et les parasites. Est prolétaire quiconque crie : « Vive la commune ! » Est parasite quiconque cherche à se suffire à soi-même. Le prolétaire vivra ; le parasite doit mourir.

Le bolchevisme n'est pas l'anarchie, c'est la monarchie, la monarchie absolue, seulement le monarque, au lieu de s'appeler Louis XIV ou Nicolas II, se nomme Prolétariat Ier.

L'homme n'est pas arrivé au vingtième siècle pour posséder des libertés individuelles. Qui recherche sa liberté, liberté d'agir, de vivre, de penser, est un réactionnaire.

L'homme ne doit plus exister en tant qu'homme, mais en tant qu'atome de la communauté. S'il était absolument nécessaire de trouver un nom pour définir le régime de Lénine, ce ne serait ni empire, ni royauté, ni république, mais internat (pas internationale). Le pion, c'est le commissaire.

Prolétariat Ier pour se maintenir, grandir et prospérer, devant être un tyran — et il ne le dissimule pas, il l'affirme dans tous ses écrits, le clame dans tous ses discours — a comme premier besoin de s'appuyer, comme ses ci-devant, sur la force.

C'étaient jadis des mercenaires, ce sont aujourd'hui des rouges. Quand la Russie aura conclu la paix avec les puissances encore en état de guerre avec elle (la Finlande, la Pologne), la Russie démobilisera, pense-t-on avec ingénuité. Comptez là-dessus ! De même que l'impérialisme militaire de Guillaume II ne pouvait se maintenir que par les baïonnettes, de même l'impérialisme social de Lénine ne peut exister que par son armée.

Il est en Russie, et ce chiffre est celui qu'ils donnent, six cent mille communistes. (Et ne parlons pas des moyens employés pour l'obtenir.) Il est, d'un autre côté, cent vingt millions d'habitants. Pour le bolchevisme, démobiliser serait briser les digues qui le préservent du flot oppressé. Ils ne démobilisent pas. Ils ne peuvent pas démobiliser. C'est le dernier État militariste d'Europe.

Ah ! Ne dites pas ce mot, s'est écrié un communiste, suffoqué par notre déclaration.

— Laissons le mot, mais constatons le fait.

— Vous ne constatez, nous répondit-il, qu'une nécessité.

Ils appelleront, quand il le faudra, leur armée rouge, armée du Travail (cela commence) ; ils la transvaseront, ils ne la liquideront pas. Il s'agit de savoir si elle ne se démobilisera pas d'elle-même, si le soldat ne parviendra pas à filtrer à travers la poigne de Trotski. Quand l'armée rouge pâlira, ce sera le bolchevisme à la nage.

Avez-vous lu *Le Capital* de Karl Marx ? C'est indigeste. Cela vous conduira immédiatement dans une ville d'eaux pour une cure d'estomac ; mais si, par hasard, vous avez un estomac d'autruche, avalez cette brique communiste.

Si nous disons brique, ce n'est pas par impertinence. « Tu es pierre, et sur cette pierre je construirai mon église » a dit quelqu'un. Lénine en dit chaque jour autant de Karl Marx. Ce qui se passe en Russie, c'est du Karl Marx en action.

Chaque jour, Lénine tire un article de la Bible marxiste, le met en bouteille et le sert à la Russie. Qu'elle fasse la grimace ou non, peu lui importe. Est-ce qu'un médecin ne force pas son malade à prendre le médicament qui doit le sauver, même si c'est de l'huile de foie de morue ?

Le bolchevisme ne descend pas, en effet, de la lune, comme vous pourriez le supposer. Lénine ne s'est pas éveillé un matin, après avoir entendu des voix, il ne s'est pas écrié, croyant découvrir une nouvelle conception du monde : « Eurêka ! » Non ! Il a ouvert les livres de Karl Marx et, les trouvant à son goût, a simplement déclaré :

— Je veux appliquer ça !

Lénine n'est pas un inventeur, c'est un adaptateur. C'est un expérimentateur. Vous voyez qu'il y a loin de cette figure de préparateur de laboratoire social à celle d'un bandit. Ce n'est pas un poignard entre les dents qu'il faut le représenter, mais vêtu d'une blouse blanche de chercheur et une éprouvette (rouge, bien entendu) entre les mains. Il a cru apercevoir entre les lignes de Karl Marx le vaccin qui guérira l'existence de ses nécessités désobligeantes. Il s'en est emparé et, à tour de bras, l'expérimente. C'est, à sa manière, un type dans le genre de Pasteur.

Combien Pasteur a-t-il sacrifié de cobayes pour parfaire son sérum ? Voilà, n'est-ce pas, ce que personne aujourd'hui ne songerait à lui reprocher.

Les cobayes de Lénine, ce sont des hommes. Il en a tué déjà des centaines de mille. La formule n'est pas encore au point. Mais dans un pays grand comme la Russie, il y a de la marge...

Excelsior, *13 mai 1920*

Albert Londres

Le système de gouvernement de Lénine et de Trotski

Moscou, avril 1920

Il était une servante qui répondait à l'une de ses pareilles, étonnée de la voir demeurer dans une place de mauvaise réputation : « Oui, on mange peu, mais on rit bien. » On mange peu aussi, en Russie, on ne rit pas du tout. Mais, mordieu ! On a de quoi écarquiller les yeux.

Étant admis que le gouvernement bolchevique est installé, laissant pour aujourd'hui la question de juger s'il est moral, afin de parvenir jusqu'à lui, de fouler le monceau des centaines de milliers de cadavres qui sert de base à son trône rouge, ainsi que celle de pronostiquer l'heure indécise, mais fatale, où il basculera, examinons-le, tâchant de faire face aux formidables difficultés du pouvoir qui lui incombe.

Du pouvoir, les chefs, Lénine et Trotski, possèdent les principales qualités : ils savent ce qu'ils veulent et ils n'ont pas peur de le vouloir. Ce ne sont pas des indécis. On pourrait dire qu'ils ont résolu le problème de marcher à tâtons sans tâtonner. À l'Européen qui tombe à Moscou, et nous employons ici le mot européen en opposition à l'aspect asiatique que revêt, sous ce régime, l'actuelle capitale de Russie, à cet Européen éberlué, Lénine, Trotski et leurs gens font l'effet d'hommes qui construiraient un gigantesque escalier pour grimper dans la lune. Combien faudra-t-il travailler de temps ? Combien comptera-t-il de marches ?

Que leur importe ! Une par une, avec une foi aveugle et entraînante, ils les élèvent. Qui ne tente rien n'a rien. Et sait-on ? La lune n'est peut-être pas si loin qu'on le suppose !

« Maintenant qu'ils ont le pouvoir, ils lâcheront du lest. »

C'est ce que l'on pensait. On les calomniait. S'ils sont jamais forcés, pour se maintenir, de jeter quelque chose, ce ne sera pas du lest, mais de la poudre aux yeux. Lénine est un penseur, un rêveur, un fou si vous voulez, ce n'est pas un fumiste. Il n'abandonnera rien des principes fondamentaux de sa doctrine. C'est le saint Paul de Karl Marx. Nous ne disons pas qu'il se ferait volontiers couper le cou pour le prêcher, il se sauvera plutôt, afin de lui conserver un prédicateur, seulement il ne le trahira pas.

Ils ne sont pas effrayés par l'effort. Les difficultés matérielles d'application de leur doctrine, rencontrées à chaque pas, ne les font pas reculer. Ils ne se disent pas : « Ce chemin est trop difficile à défricher, abandonnons-le et reprenons la vieille route. » Ils ne sont pas pressés, ils ne sont pas de l'avis de Victor Hugo qui prétend que l'avenir n'est à personne.

L'avenir est à eux, au moins, ils le croient dur comme fer. Le bolchevisme n'est pas un parti politique, c'est une religion.

Ce qu'ils veulent établir, ce ne sont pas de nouveaux cadres pour parquer la société, c'est le paradis sur la terre. Les apôtres étaient plus malins, ils promettaient aussi le paradis, mais ils ne donnèrent jamais de passeports à des reporters pour leur permettre de voir ce qui s'y passait.

Leur système de gouvernement est nouveau. Ce qui le caractérise, c'est un mélange de franchise cynique et de ruse de foire. Au temps de la lutte contre les blancs, que disait Trotski à l'armée rouge pour la piquer ? « Soldats, disait-il, tout va mal, les blancs ont plus de canons, plus de cartouches que vous ; mais vous, en défendant la Russie, vous défendez votre patrie, votre bien, puisque maintenant la Russie appartient à chacun de vous. Si vous voulez perdre ce que nous vous avons donné, libre à vous, vous n'avez qu'à reculer encore un peu et ce sera fait. » Et les soldats repartaient.

La Russie meurt de faim. Que lit-on, affiché, sur tous les murs ? Des paroles d'espérance ? Non pas. « Camarades, lit-on, vous mourez de faim, de froid, vous, vos femmes et vos enfants, et pourtant ce que vous avez supporté n'est rien.

Nos transports qui marchaient mal, bientôt ne marcheront plus. Sur qui comptez-vous donc pour vous sauver ?

Croyez-vous que vous avez des maîtres encore pour vous commander ? Commandez-vous vous-mêmes ! Demain vous ne travaillerez plus dix heures, mais douze, mais quatorze, s'il le faut, car, désormais, c'est pour vous que vous peinez. »

Ils usent aussi d'un autre moyen. Comme le Russe n'a jamais travaillé (ce doit être pour cela que le premier royaume du travail a choisi la Russie pour berceau), et que Trotski (Lénine est le cerveau, Trotski est la poigne) entend que cela change, Trotski essaie tous les trucs. Le plus en vogue, à cette heure, est la suggestion. Trotski magnétise.

Comptant qu'au fond de chaque homme il est un travailleur qui sommeille, il tente de le réveiller par des passes. Par voie d'affiches, par voie de la presse, un beau matin, on lit : « Une folie de travail vient de s'emparer de Petrograd. C'est à celui des ateliers qui produira le plus. Travailleurs de Moscou, resterez-vous en arrière ? »

Cette affiche est collée à Moscou. Mais une autre est collée à Petrograd, elle dit : « Une folie de travail vient de s'emparer de Moscou. C'est à celui des ateliers qui produira le plus. Travailleurs de Petrograd, resterez-vous en arrière ? »

Il est des commis voyageurs en magnétisme, ils vont sur les lignes de chemin de fer, dans les usines et se mettent à travailler sans arrêt. Comme les camarades les regardent, étonnés, les commis voyageurs sans cesser de travailler discourent : « Notre régime étant le régime du travail, en travaillant nous assurons notre régime. Si nous ne travaillons pas quand nous sommes les maîtres, les patrons reviendront et nous feront travailler pour eux. C'était bon de ne rien faire quand nous étions esclaves, maintenant que nous sommes libres, travaillons. »

« Avançons, avançons », chantant sans bouger, et cela est bien connu, les chœurs d'opéra. « Travaillons, travaillons », crient à tue-tête les bolcheviques, les bras ballants. Les cris ne suffisant pas, il y a l'exemple. On pouvait voir, voilà un mois, Tchitcherine, ministre des Affaires étrangères, casser la glace sur la place Rouge. Charmant Tchitcherine ! Qu'il est sympathique, mais nous y reviendrons. Chaque dimanche, pour les intellectuels communistes, il y a les matinées volontaires du travail. Ces messieurs, que dis-je ?, ces camarades vont généralement décharger des wagons. Le ministre des Travaux publics était l'un de ces plus zélés portefaix. Il en a attrapé une hernie, il en est mort (Février 1920).

Plus de grèves. Un gréviste serait considéré comme contre-révolutionnaire. « Est-ce qu'on se fait la guerre à soi-même ? » disent les chefs. Ils ont l'art des formules. On peut affirmer que si l'ouvrier, le rare ouvrier de Russie, n'a plus le loisir de revendiquer, il a celui de se hausser du col.

Quand il murmure, un délégué à la propagande court à l'usine et lui tient ce langage. « De quoi te plains-tu ? Pourquoi adresses-tu tes plaintes vers nous ? Si tout ne va pas comme tu le désirerais, à qui veux-tu t'en prendre, sinon à toi ? N'es-tu pas ton seul maître ? N'est-ce pas en ton nom et par ta permission que la République socialiste fédérative des soviets russes gouverne ? Maintenant, camarade, si tu veux te combattre toi-même, libre à toi ! Je n'ai plus rien à te dire. Salut. »

Rien dans les mains, rien dans les poches, la pièce de monnaie, mesdames, messieurs, a passé !

Lénine règne sur toute la Russie, excepté sur cent millions de paysans. « Prenez la terre, elle est à vous », leur a-t-il dit.

Les paysans l'ont prise et ils étaient bien contents.

Cela ne dura pas. Lénine, par oubli, n'avait pas terminé sa phrase.

Les obligations de son système — et cela montre son honnêteté — le contraignirent à l'achever. Il ajouta donc un beau jour : « Elle est à vous, mais son produit sera à l'État. »

— Bien ! fit le paysan, alors elle ne produira rien. Le paysan a tenu parole. La terre ne produit que ce dont il a besoin, lui et sa famille. Comme il considère que l'État ne fait pas partie de sa famille, il ne se donne même pas la peine de lui cultiver le plus chiche des pois chiches. C'est pourquoi les villes meurent de faim.

Comment faire ? s'est demandé la dictature du prolétariat.

Elle a trouvé. L'armée étant composée de paysans. Trotski a décidé de karl-marxiser ces pauvres jeunes hommes.

Chaque soldat est devenu une espèce de séminariste rouge.

Comme cela, croit-il, quand ils iront en congé chez eux, ils convertiront leurs parents.

Non ! Quand nous pensons qu'on a traité les bolcheviques de bandits !

Excelsior, *14 mai 1920*

Un entretien avec M Tchitcherine

Moscou, avril 1920

Il pouvait être cinq heures de l'après-midi. À la recherche de nous ne savons plus quelle autorisation (pour lever les yeux au ciel, il faut y être autorisé), nous circulions dans le commissariat des Affaires étrangères, ci-devant dépendance de l'hôtel Métropole. Dans un couloir obscur, nous nous heurtâmes à quelque chose, accroupi sur le plancher. C'était un homme en bras de chemise, il ficelait des colis. Comme nous avions dû lui faire mal, nous nous excusâmes. Un doux sourire nous répondit ; l'homme en bras de chemise nous assurait qu'il nous pardonnait bien volontiers. Il se remit, sans plus, à sa besogne, nous à la nôtre.

Le soir, un camarade employé de commissariat nous apportait un mot. Il y était dit que le camarade Tchitcherine, commissaire aux Affaires étrangères, nous recevrait avec plaisir à trois heures du matin.

— Demain, à trois heures de l'après-midi, rectifiâmes-nous.

— Non ! Camarade, fit l'autre, étonné, cette nuit même à trois heures du matin.

Deux heures de la nuit. Vers le rendez-vous, nous marchons dans les profondeurs calmes de Moscou. Accroupis, des files de malheureux attendent, aux portes de quelques maisons, pour être les premiers, le matin à huit heures, à recevoir l'horrible pain.

Des coups de fusil, par-ci, par-là, sont tirés. Nous n'avons pu en savoir la signification. On nous a cependant expliqué que depuis novembre dernier, la fin de la Terreur étant proclamée, la peine de mort avait été supprimée sous ses deux premières formes : celle, sans jugement, après emprisonnement, et celle après jugement ; mais que la troisième, la mort sur place, était maintenue. Était-ce des manifestations de cette mort de troisième catégorie ? Nous ne saurions l'affirmer.

Le camarade Tchitcherine est exact. À trois heures, on nous introduit dans son cabinet. C'est une grande chambre d'hôtel, pas meublée, mal éclairée, rappelant par son fouillis un coin de la foire aux puces. Il passait rapidement la seconde manche de sa veste. Alors nous reconnûmes que le coltineur en bras de chemise bousculé l'après-midi n'était autre que le ministre des Affaires étrangères.

Dans cette étouffante atmosphère de dictature incorruptible, sous ce régime survénitien d'espionnage et de délation, le Kremlin, comme le palais des Doges, possède à sa manière ses bouches de lion où tombe, toujours avec résultat, la dénonciation anonyme.

Au milieu de ces fanatiques, masqués tous de la cagoule rouge, de ces inquisiteurs sociaux à complaisances asiatiques, de ces parvenus en train d'apprendre, sans disposition, comment on fume un bon cigare, de ces Géorgiens, de ces Caucasiens, de ces israélites farouchement pendus aux mamelles déchirées de la Russie, qu'il est doux d'apercevoir le Russe Tchitcherine !

C'est un bouquet dans une prison.

Tchitcherine est un communiste d'avant la Commune.

Alors que les trois quarts des sans-culottes néo-russes, qui étranglent en ce moment, sans quartier, la liberté, étaient à l'affût de la direction du vent, lui refusait, au bénéfice des paysans, un héritage de deux millions. Le bolchevisme arriva. Franc apôtre, il était en prison en Angleterre. Lénine l'échangea contre des notables Britanniques. Ayant été, sous le tsar, attaché d'ambassade à Berlin, il eut, dans le gouvernement, les Affaires étrangères. Dans son commissariat, il est à la fois ministre et homme de peine. Pour ne déranger personne, il fait tout lui-même.

Il n'a pas de sonnettes dans son bureau. Tout l'hiver — un hiver à Moscou ! — il est resté sans feu. Il dort le jour et travaille la nuit. Il a une tête fine et des yeux étonnés. Les autres sont des sectaires. Il est un ascète. Et, enfin, lui, vous appelle monsieur !

— On se plaît toujours à dénaturer notre politique, nous dit-il ; elle est cependant limpide : nous voulons la paix avec tout le monde. Par essence, nous ne sommes les ennemis de personne. Nous désirons, au contraire, devenir les amis de tout le monde.

L'idée d'un impérialisme quelconque est si éloignée de notre nouvelle conception de rapports entre États que nous ne comprenons même plus ce que ce mot veut dire. On nous a fait la guerre, nous nous sommes défendus. Quand les États qui nous combattent déposeront les armes, nous déposerons, nous, jusqu'au souvenir que nous avons été des ennemis. Que cherchons-nous ? Le bonheur de notre peuple. Le bonheur des peuples n'a jamais consisté dans le plaisir d'opprimer d'autres peuples. Ne poursuivant de conquêtes que celle d'établir, sans frontière d'intérêt, la concorde entre tous les hommes, nous agirons, non point comme les anciens régimes, en opprimant pour posséder, mais en libérant pour recevoir.

On aurait cru entendre un autre ami du peuple prononcer ; « Paix sur la terre aux hommes de bonne volonté. »

— Nous avons besoin, ajouta-t-il, que toutes les voies du monde nous soient ouvertes. Par exemple, nous ne pourrions vivre sans les Dardanelles. C'était une nécessité sous le régime des tsars. C'en est une sous celui du prolétariat. Seulement le tsar croyait que, pour avoir les Dardanelles, il fallait les détenir. Il voulait s'emparer de Constantinople, mettre la clef dans sa poche, comme il disait. Nous, nous nous adresserons au peuple turc. « Pourquoi voudrais-tu emmurer un autre peuple comme toi, lui dirons-nous ; n'interrompons pas la vie où elle doit passer. » Et nous n'aurons pas besoin de la clef dans la poche si, par la volonté des peuples, il n'y a plus de serrure...

À ce moment, nous étant agité, nous fîmes dégringoler une partie de la montagne de livres et de papiers qui, sur le bureau de Tchitcherine, dans le plus magnifique chaos, s'élève à une hauteur vertigineuse.

— Cela ne fait rien, fit-il avec son sourire, je les ramasserai. Des hommes politiques, des gouvernements nous accusent de travailler contre leurs intérêts. L'Angleterre voit en nous, pour ses possessions d'Asie, les plus dangereux ennemis. Elle nous reproche de mettre le feu à ses domaines. Si le feu menace ses domaines, ce n'est pas nous qui le soufflons. Ce n'est pas nous qu'il faut accuser, c'est une force indépendante de notre volonté : c'est le vent des idées. Ce vent a d'abord passé sur nos têtes. Il va plus loin. Nous n'avons pu nous en preserver, comment en garderions-nous les autres ?

— Et votre politique à l'égard de l'Allemagne ?

— Nous n'avons pas de politique spéciale pour l'Allemagne.

— Vous connaissez l'une des premières accusations que l'Entente lança contre vous : que vous étiez des agents de l'Allemagne ?

— A cela, nous répondons que nous avons la conviction profonde qu'en signant le traité de Brest-Litovsk, loin de trahir l'Entente, nous l'avons puissamment aidée. C'est nous, par cet acte, qui avons donné le premier coup à l'impérialisme allemand. Si nous sommes porteurs de microbes, comme on le prétend, c'est à l'Allemagne, en entrant en rapport avec elle, que nous les avons d'abord transmis, et cela à quel moment ? Au moment où l'Entente avait le plus besoin qu'une épidémie se déclarât sur le moral allemand. Donc, à l'accusation que l'on nous lance : « Vous avez aidé l'Allemagne », nous répondons, nous : « Nous avons aidé l'Entente. »

— Est-ce exact que dix mille ouvriers allemands viennent de passer, avec votre permission, en Russie ?

— Ce n'est pas dix mille, mais cent mille ouvriers allemands qui nous demandent à entrer chez nous. En ce moment même, une de leur délégation, pour traiter leur transfert, est à Moscou. Nous n'accepterons pas la proposition en masse. Nous n'avons besoin que de spécialistes : s'il en est dix mille, nous les accueillerons. Que nous ayons une politique allemande ? Nous sommes donc encore si loin de nous être fait comprendre en Europe ? Si Liebknecht et Rosa Luxemburg avaient réussi, si l'Allemagne, aujourd'hui, était spartakiste, et que vous me demandiez : "Quels sont vos rapports avec l'Allemagne ?" je vous répondrais tout droit : "Ce sont des rapports de frères." Ce n'est pas. Le gouvernement allemand est, à nos yeux, un gouvernement de socialistes renégats. Entrer en rapports de confiance et d'amitié avec de tels hommes serait nous renier. S'il existe des rapports entre le gouvernement allemand et le gouvernement bolchevique, ils ne peuvent revêtir d'autres formes que celles de la nécessité.

— Alors, tant que le monde entier ne sera pas communiste, vos rapports avec les gouvernements petits-bourgeois, comme dit Lénine, ne revêtiront d'autres formes que celles de la nécessité ?

— Nous sommes prêts à rentrer en relations avec tout le monde. Nous n'entendons pas dire aux peuples : nous ne parlerons à votre gouvernement que lorsque votre gouvernement sera tel et tel. Ce n'est pas parce que nous avons adopté une nouvelle conception d'exister que nous désirons vivre en sauvages. Si on a des éclaircissements à nous demander, si la France, l'Angleterre veulent savoir, comme l'on dit, sur quel pied danser, nous avons des postes de sans-fil, qu'on nous questionne, nous attendons, nous répondrons.

Nous laissâmes Tchitcherine. Il avait parlé d'une voix angélique. Il était quatre heures du matin. La lampe avait bu tout son pétrole et mourait. Une souris familière grimpait le long du mur...

Excelsior, *15 mai 1920*

Albert Londres

Ce n'est pas la dictature du prolétariat ; c'est la dictature au nom du prolétariat

Moscou, avril 1920

Pardon ! Il y a erreur. « Le bolchevisme est la dictature du prolétariat », avons-nous écrit l'un de ces jours derniers. Excusez-nous, c'était faux. Au premier contact nous avons été victime de la formule. « Dictature du prolétariat » est, en effet, la carte de Lénine, mais c'est une carte transparente, et c'est à la lumière qu'il faut la regarder. A la lumière, dictature du prolétariat devient : *Dictature, au nom du prolétariat, sur le prolétariat, comme sur le reste, par des non-prolétaires.*

Et c'est encore le côté le plus ahurissant de cette excentrique aventure : que l'aristocratie ait été égorgée, bon ! cela nous le savions, c'est le premier pas de toutes les révolutions ; que la bourgeoisie ait été attachée au poteau, flagellée et laissée là expirante, bon ! cela nous le savions, c'était le cri de guerre des bolcheviques, mais que dans « la dictature du prolétariat » vous découvriez que le prolétariat, le prolétariat à l'enseigne de qui tous les crimes les plus répugnants furent commis, le prolétariat à qui l'on dit : « Maintenant, c'est toi le tsar » ; que ce prolétariat ne marche que sous la schlague et la menace de mort de ceux qui proclament détenir de lui les pouvoirs qu'ils lui infligent, voilà qui déroute vos idées d'extrême gauche.

Une erreur, que l'on ne peut plus commettre dès que l'on a mis le pied en Russie, est de considérer le bolchevisme comme un parti politique. Ce n'est pas un parti politique, c'est un ordre monacal. Il en exista bien avant lui, seulement ne rentrait que qui voulait au Carmel ou à la Trappe. C'était le temps de la Liberté ! Ici la vocation est supprimée, il suffit de naître et l'on est tonsuré. La Révolution française avait proclamé les droits de l'homme, la révolution bolchevique proclame les droits de l'État sur l'homme. Pourquoi n'y a-t-il, par le monde, que les socialistes qui se croient autorisés à défendre le bolchevisme ? Le vieux général culotte de peau, qui désire que chacun soit toujours militaire et que le conseil de guerre, même en temps de paix, ne soit pas fait pour les chiens, est un bolchevique. Le colonial féroce qui, appuyé sur son revolver, institue la tyrannie dans son district, flagelle le Noir qui ne « rend » pas assez de caoutchouc et lui brûle la cervelle si ça lui chante, est un bolchevique.

Si le bolchevisme était connu, non tel qu'il se présente lui-même (et pour se farder, c'est le roi des cabots), non tel que le supposent ceux qui le prêchent aux autres (combien êtes-vous, messieurs les bolcheviques de France, qui êtes venus l'examiner sur place ?), non tel que se l'imaginent les militants, c'est-à-dire comme tout ce qu'il y a de plus à gauche pour le moment, mais tel qu'il se montre, nu et sans pudeur, dans les plaines et les villes de Russie, qu'il a frappées de stérilité, ce n'est pas simplement de l'extrême gauche, c'est de l'extrême droite, du haut, du bas, du centre et de tous les coins de toute assemblée, que tout ce qu'il y aurait de borné, d'avide, de sadique, de déséquilibré, reconnaissant enfin son expression dans la figure du bolchevisme, l'embrasserait comme sa foi.

Venez voir les travailleurs à Petrograd et à Moscou. Ça vaut le voyage, travailleurs de France ! La grande œuvre du régime, à cette heure, est l'armée du travail. L'idée est de Trotski.

Trotski eut cette idée pour deux motifs : 1) ne pas démobiliser ; 2) contraindre à produire des gens qui, d'après son système, n'avaient plus intérêt à le faire. « Armée du Travail », tout comme « Dictature du Prolétariat », est une formule à l'encre sympathique. À la lumière des chandelles, elle signifie : « Travaux forcés. »

Venez voir, elle est là, habillée en soldat et logée dans les casernes. Au coup de clairon, elle se lève : thé, pain noir, et, « en rang par quatre » ! Cette compagnie est dirigée sur cette usine, cette autre sur ce chantier. Sur l'épaule, la pelle ou la pioche, militairement.

Ce sont les travailleurs affectés aux grosses tâches et nécessitant une main-d'œuvre non qualifiée : coupes de bois, ensemencement, défrichement, exploitation de tourbières, entretien des voies. Elle a conservé son commandement, sa cohésion, sa discipline. En tête sont les généraux. À côté du général siège le conseil militaire révolutionnaire (l'espion). À côté du conseil révolutionnaire, les représentants des commissariats : agriculture, travail, transports, etc. Ces armées sont peut-être des inventions de sales journalistes bourgeois, elles sont toutefois, à cette heure, au nombre de cinq. La première, dans l'Est (centre : Ekaterinenburg), cent cinquante mille hommes. Tâches : coupes de bois, chargements de wagons, intensification de l'industrie de l'Oural. La deuxième, armée de réserve, fournit des renforts. Elle remet, de plus, en état la ligne Ekaterinenburg-Kazan-Moscou, deux cent mille hommes. La troisième armée de Petrograd : travaux agricoles, exploitation de forêts, tourbières, deux cent mille hommes. La quatrième, en Ukraine, bassin du Donetz, industrie minière, cent vingt mille hommes. La cinquième, au Caucase, deux cent mille hommes.

À deux heures de l'après-midi, un commandement retentit. C'est le déjeuner : soupe, viande, gruau. (C'est bien pour cela qu'ils ne désertent pas encore tous, les malheureux !) Vingt minutes. Vingt minutes, c'est assez pour digérer quand on est prolétaire (décret Trotski). Et la tâche reprend.

Et cela jusqu'au soir et, « en avant ! marche ! » à la caserne !

Les aristos ont été noyés. Embarqués sur des bateaux, conduits à Cronstadt, ils étaient coulés. Les scaphandriers, dit la légende, qui sont descendus dans ces lieux, sont remontés fous. Ils prétendaient qu'ils venaient de voir d'immenses assemblées de nobles tenant conseil au fond de la mer. Les bourgeois, de famine, meurent. Les prolétaires sont menés l'anneau dans le nez. Si, sur une place de Moscou ou de Petrograd, arrêtant tous les passants, on pouvait leur crier : « Maintenant, vous êtes libres, parlez ! » « Pitié ! » supplieraient-ils. Alors, qui règne ? Règne tout l'ancien personnel agissant des congrès socialistes. Règnent tous les ex-exilés crasseux, taupes des bibliothèques internationales qui usèrent leur jeunesse sur les livres traitant du paupérisme, afin de rechercher comment ils pourraient vivre. Règnent le Sibérien, le Mongol, l'Arménien, l'Asiatique et, au détour de tous les couloirs des commissariats, derrière les paravents, entre deux buvards, sous la corbeille à papier, le roi, le juif. Ah ! L'horrible joli petit massacre qui chauffe à l'horizon.

Le 26 avril, le 26 avril de cette année 1920, nous nous fîmes traduire une nouvelle, dans les *Isvestia* de Moscou (journal officiel). Elle avait pour titre : « Mesure utile ». Elle disait : « Des tribunaux spéciaux pour les travailleurs des chemins de fer viennent d'être institués. Le gouvernement des soviets ne cesse de répéter dans quel état dangereux pour le régime se trouvent les transports. C'est pour y remédier, et dans l'intérêt des travailleurs, que ce décret est publié. La compétence de ces tribunaux, qui fonctionneront le long des voies, ira jusqu'à la mort. La peine de mort ne sera appliquée que pour sabotage. La peine de travaux forcés pour absence illégale du chantier, celle de prison pour *mal-intention* dans le travail. » Trois semaines auparavant, Zinoviev, à Petrograd, ordonnait de mitrailler chez Poutiloff (onze tués) des prolétaires qui revendiquaient. « Pouvais-je, demandait-il le lendemain, dans un discours justificateur, tolérer semblables gamineries ? »

Quand nous avons quitté la France, voilà trois mois, nous avons laissé derrière nous d'illustres parlementaires et de braves bourgeois politiques, l'âme repentante et le cœur pressé de faire au bolchevisme amende honorable. « Nous avons été trompés, disaient-ils. Vous qui partez, regardez bien, dites la vérité. Réparons nos erreurs. » Qui donc renseignait ces honorables pénitents ? Mais ceci est une autre question. (Que d'autres questions, dans ce bolchevisme !)

Si nous étions le gouvernement français, nous savons bien ce que nous ferions. Nous déléguerions des orateurs aux Bourses du travail et aux usines, et ces orateurs tiendraient ce langage aux ouvriers : « Quels sont ceux, parmi vous, qui sont bolcheviques ? Vous ? Bien ! Vos camarades ont confiance en vous, j'espère. Vous allez passer à votre maison, prendre votre femme et vos enfants (qu'on n'oublie pas les femmes et les enfants !), le gouvernement de la République va vous donner des visas, vous payer le voyage. Vous allez partir, vivre, travailler, manger, vous et les vôtres, six mois durant, sous le régime des soviets. Après, vous reviendrez, et vous direz ce que vous aurez vu. Bonne chance, camarades ! »

Excelsior, *17 mai 1920*

Albert Londres

Une singulière conversation avec le commissaire aux Finances

Moscou, avril 1920

« Notre idéal est la suppression de l'argent. » De l'heure où les bolcheviques nous gratifièrent de cette déclaration, nous n'eûmes qu'une pensée : voir le commissaire aux Finances.

Nous n'aimons pas, en général, entrer en contact avec les ministres des Finances : en cinq minutes, ils vous roulent dans des dizaines de milliards. Mais un ministre des Finances, courant lance au poing contre les finances, voilà un ami !

À dire vrai, quand nous rencontrâmes le commissaire aux Finances de la République Socialiste Fédérative des Soviets Russes, ce n'est pas une lance qu'il avait au poing, mais un petit panier.

C'était dans le hall de la deuxième maison commune, toujours ci-devant hôtel Métropole. Il montait à sa chambre, quatrième étage, n° 423, portant son dîner. Du panier sortaient le goulot d'une bouteille de lait, un cornet de papier et deux queues de harengs, incontestablement saurs.

— C'est lui ! fit notre guide, heureux de notre chance.

Huit jours de Moscou étant suffisants pour que vous ne vous étonniez plus qu'une vessie soit une lanterne, nous ne doutâmes pas un moment que ce porteur de victuailles fût le ministre du Trésor.

Nous le suivîmes par l'escalier. Des bustes colossaux (en série) de Lénine et de Karl Marx, sur le plancher de l'ex-salle à manger, attendaient de prochains piédestaux. L'hôtel Métropole est une saisissante image de la pensée bolchevique. C'était jadis un palace à six cents chambres, c'est aujourd'hui un caravansérail à six cents niches. Cela ressemble à un vaste bateau en panne où les émigrants, à la faveur d'une tempête, auraient pris la place des payants. C'est la cale qui a conquis le pont.

Comme idée, c'est un mélange de bonté, d'incohérence, de rêves mal au point. C'est grotesque et bien intentionné.

Des compagnies d'enfants barbouillés, derrière à l'air, jouent sur les tapis des paliers, comme autrefois dans leur ruisseau. Des femmes en cheveux, mais terriblement conscientes, modèles pour *Internationale* en pantoufles, vont d'étage en étage, les pires instruments de toilette au bout des doigts.

Tchitcherine, descendant de son taudis, passe timidement, rasant la rampe. Kollontaï, la vierge rouge, la générale des dames bolcheviques, belle, monte gaillardement à son sixième, lançant tout le long de sa route de retentissants : « Salut camarade ! » Une porte s'ouvre, et c'est un intérieur de roulotte où l'on campe, cuisine et lessive. Prenant les couloirs pour des rues, devant sa chambre, comme l'été, une fois le travail fini, on faisait dans les faubourgs, on sort sa chaise. On s'assoit, on regarde circuler les visiteurs, on est le nouveau « gratin ».

— Je vous prie, fit du geste le commissaire aux Finances arrivé devant son numéro.

Lait, cornet de papier, harengs, déposés sur le pied du lit, nous nous crûmes en droit d'attaquer la conversation.

— Alors, monsieur le commissaire, vous voulez, paraît-il, supprimer l'argent ?

— C'est notre pensée maîtresse, celle qui guide toutes nos actions dans l'ordre matériel. Ainsi, pour mon compte, je n'ai pas de plus grande joie que de voir le rouble, chaque jour, dégringoler. Vous avez pu remarquer la fantaisie qui règne dans nos coupures : le billet de soixante roubles a l'aspect d'un timbre sans aucune importance, tandis que celui de vingt-cinq est plus cossu. Notre nouveau petit billet de mille a tout l'air de valoir cinquante kopecks. Ne croyez pas que cela soit hasard ou maladresse, c'est voulu. C'est pour que l'homme s'habitue à dédaigner ces signes extérieurs du méprisable capital individuel.

— Parfait ! L'argent est supprimé. Séduit par la Russie, je ne m'en vais plus, je demeure (cela je le suppose). J'ai besoin d'un chapeau, comment ferai-je, monsieur le commissaire aux Finances ?

— Vous ferez constater par le président du comité de votre maison que vous avez besoin d'un chapeau, vous viendrez, avec son certificat, à la maison commune des chapeaux, et vous recevrez un chapeau.

— Et si le président du comité de ma maison, parce qu'un jour, par inadvertance, dans l'escalier, je lui ai balayé mes ordures sur la tête, prétend que mon chapeau, s'il me paraît crasseux à moi, lui semble flambant neuf, à lui ?

M. le commissaire aux Finances daigna sourire, non répondre.

— Excusez-moi, mais admettons encore que je sois russe (à ce moment, un frisson d'effroi me parcourut le milieu du dos) et que, de ce pays, où l'argent est supprimé, je veuille partir pour l'étranger ?

— Pour quelle raison partiriez-vous ?

— Pour aucune raison, pour partir.

— Alors, vous ne partiriez pas. Sous notre régime, il ne doit pas y avoir d'oisifs, ni de gens pouvant à leur gré disposer de leur temps. De plus, la République des travailleurs n'a nullement besoin que des Russes aillent se promener sans motifs à l'étranger.

— Et si j'ai un motif !

— Vous ne pourrez avoir de motifs qu'intéressant le gouvernement ; alors, là, ce sera simple : le gouvernement détiendra dans ses caisses des valeurs étrangères, il pourvoira aux frais de votre déplacement.

— Monsieur le commissaire, et, quand mon meilleur ami qui, lui, ignorant la vérité sur les soviets, n'est pas encore naturalisé russe, voudra venir de Paris me visiter à Moscou, comment s'y prendra-t-il si, votre frontière passée, il n'y a plus d'argent ?

— Votre ami ne pourra venir vous visiter que si nous y consentons. La Russie ne recevra chez elle que ceux qu'elle connaîtra et voudra connaître. Ils seront peu nombreux : alors, nous pourrons nous occuper spécialement de chacun. Nous les prendrons à notre frontière, les hébergerons dans nos maisons communes et les reconduirons à la gare.

— Si les paysans se remettent par hasard au travail...

— Mais on ne construit pas un nouveau monde en vingt-quatre heures ! Quand l'éducation des paysans sera achevée, ils travailleront.

— Enfin, s'ils se remettent au travail, comment paierez-vous les réquisitions ?

— Par des chaussures, du linge, des habits, des chapeaux.

— Et quand le paysan, qui n'a tout de même que deux pieds, qu'un corps et qu'une tête, sera chaussé, « lingé », habillé, coiffé ?

— On lui donnera des instruments aratoires.

— Et quand il n'aura plus besoin d'instruments aratoires ?

— Alors, il ne manquera de rien ; il sera heureux et travaillera pour le bien commun.

— Comment paierez-vous les ouvriers ?

— Par de bons logements, des cartes de nourriture, de tabac, de théâtre.

Et celui qui ne fume pas ?

— Il recevra un supplément de nourriture.

— Et s'il a mauvais estomac ? Et, enfin, s'il est jeune et s'il préfère deux sous dans sa poche pour acheter un bouquet de violettes à la blonde apprentie du coin ?

Mais M. le commissaire aux Finances vit bien par là que nous étions français, c'est-à-dire un être chimérique.

— Vous vous êtes emparé, continuai-je, de toutes les fortunes. On m'affirme cependant que vous avez créé de nouvelles caisses de dépôts, sortes de caisses d'épargne, où l'on peut de nouveau, en attendant qu'il soit supprimé, déposer son argent et « capitaliser ».

— Ces caisses existent. On peut y déposer et en retirer l'argent que l'on veut. Cela ne dément nullement nos principes. Tour cet argent déposé, nous le concéderons à l'Etat. Seulement, nous considérons en même temps que l'État n'en a pas besoin. Alors nous le laissons à la disposition des propriétaires. Mais ces nouveaux propriétaires ne sont pas des capitalistes, puisque leur capital, à tout moment, peut leur être enlevé.

C'est sur ces mots définitifs que nous prîmes congé de M. le commissaire aux Finances.

Excelsior, *18 mai 1920*

Deux bolcheviques français

Moscou, avril 1920

Savez-vous qu'un général français est devenu bolchevique et commande chez nous ?

— Un général ? Quel général ?

— Ukraine, mer Noire, Constantinople, enfin un général qui était de ces côtés, disait notre Russe, qui parlait fort mal ma douce langue.

— Franchet d'Esperey ? demandai-je, sidéré.

— Je ne me souviens plus, ce ne doit pas être ce nom, il me reviendra.

C'est le premier jour de notre entrée dans ce cercle, que l'Enfer, pour punir les hommes de vouloir établir leur paradis dans ce monde, a fait descendre sur la terre et qui se nomme la Russie, que ce propos, par un néophyte, nous était tenu.

— Sadoul, cria-t-il, joyeux. J'ai trouvé le nom : Sadoul, vous saviez ?

— Ah ! Parfaitement, j'en entendis parler.

— Il en est un autre aussi : Pascal.

— Ah ! Oui. Pascal !

Une semaine se passa et, d'heure en heure, au spectacle hallucinant de Petrograd qui expire, imperceptiblement frappé par l'ambiance, nous sentions s'en aller de nous notre civilisation, et nous avions oublié qu'il est des heures où l'homme se met à table, et que les bottes se cirent, et que la barbe se taille, et que les humains peuvent avoir d'autres préoccupations que celle de ne pas être jetés brusquement en prison ou de ne pas mourir de faim demain, et presque asiatique, nous avions pris le train pour Moscou.

Et nous étions chez le doux Tchitcherine. Et vingt juifs, quarante juifs, soixante juifs voltigeaient autour de nous dans les couloirs de ce commissariat, et nous attendions que le chef de cette tribu hébraïque, glissant entre les portes comme une anguille dans la main, et qui avait nom Rosemberg, que le camarade Rosemberg, enfin, voulût bien nous donner un billet de logement, quand un homme habillé en soldat russe, de la joie sur le visage, la main tendue et les yeux tendres, venant à nous, se mit à dire avec un accent de bonheur :

— Enfin ! Un Français ! Je suis bien heureux de vous voir.

Et il se présenta :

— Je suis Pascal.

Un Français ! Un homme qui avait une figure de civilisé et des yeux où l'on pouvait regarder dedans, et une poignée de main qui était directe, et de la franchise dans son allure, et dans le regard de la douceur qui n'était pas de l'hypocrisie. Un homme pareil, même équipé de la vareuse du soldat rouge, ah ! Vous ne pouvez pas savoir quelle joie cela vous donne, vous qui ne naviguez pas dans les eaux sombres du bolchevisme !

Sadoul ! Pascal ! Ils étaient officiers tous deux jadis, à Petrograd, à la mission française. Sadoul ! Oui, vous le connaissez : il est condamné à mort. C'est peut-être parce qu'il était capitaine ? Pascal n'était que lieutenant. Sadoul n'est pas à Moscou. Il est à Karkov. Il est là-bas haut personnage : il est coadjuteur de Rakowsky, le Lénine d'Ukraine. Ils sont devenus tous deux bolcheviques : Sadoul, parce qu'il faisait déjà de la politique ; Pascal...

— Mais sortons d'ici, voulez-vous, Pascal ? Allons nous promener.

— Enfin, disait-il, voilà un Français qui s'est décidé à venir voir ce qu'est vraiment le bolchevisme.

— Et ce Français, croyez-le, n'en revient pas encore.

— N'est-ce pas que c'est réellement nouveau ? Quel effet cela vous produit-il ?

— L'effet que je suis dans un asile où les fous auraient passé la camisole de force à leurs gardiens et gouverneraient.

— Ah ! Non ! Voyons ! Ce n'est pas possible. Vous vous trompez, je vous affirme. C'est justement la raison qui gouverne ici ; une nouvelle raison, je vous l'accorde. Il faut s'y habituer, je vous l'accorde aussi. En un mot, il faut comprendre. Mais, quand on a compris, alors tout ce qui vous semblait bizarre vous apparaît clair, logique. Et l'on se demande — et souvent, pour mon compte, je me le demande — comment on a pu vivre avant la naissance du bolchevisme.

Nous regardâmes Pascal. Il avait bien dit. Il fallait comprendre. Nous avions compris : nous nous trouvions en face d'un croyant. Il avait été touché par la foi. Il avait revêtu la robe de bure, sacrifié ses cheveux, fait vœu de pauvreté.

Ayant, un jour, au-dessus de tous les bruits humains, entendu parler sa conscience, il n'avait plus écouté qu'elle. « Entre à la Trappe, lui avait-elle dit, ainsi tu sauveras le genre humain. » Il était devenu un saint.

Que l'on gemisse de faim à ses pieds, que l'on incarcère sous ses yeux, que l'on fusille sous ses fenêtres, que dans toute l'immensité d'un immense pays, le râle ait remplacé le rire, tout cela est bien, puisque tout cela est pour Dieu, c'est-à-dire pour le communisme ; car Pascal, le normalien, Pascal, l'ex-lieutenant d'infanterie de France, Pascal n'est plus un homme, n'est plus un civilisé, n'est plus un Français (du moins, il le croit) : c'est un communiste.

Il a souffert le froid, cet hiver, à en mourir. Il ne connaît plus, depuis deux ans, que le hareng saur et le millet. (Cette année, disent les quelques Russes qui conservent la force de se moquer d'eux-mêmes, nous chantons, nous sommes des oiseaux, nous mangeons du millet ; l'année dernière, nous hennissions, nous étions des chevaux, nous mangions du foin ; vous voyez, il y a progrès.) Il a renoncé à sa famille, à son bonheur, à sa classe. Il portait des costumes modernes, il est en bottes de moujik ; il fumait, il ne fume plus ; il aimait le vin, il n'en boit plus. On l'a presque appelé traître, il est heureux, il a vu Dieu : Karl Marx lui a parlé.

Il n'est pas le seul. Frappons à cette porte. Nous allons trouver, là derrière, un autre bolchevique français.

— René Marchand ?

— Parfaitement, entrez donc. Quel plaisir !

Il demeure dans la vaste roulotte soviétique, hôtel Métropole, au cinquième. Ex-bourgeois, ex-correspondant à Petrograd du *Figaro* et du *Petit Journal,* ex-collaborateur de l'ambassade de France sur la Neva, ex-parisien, ex-confrère. Marchand, expliquez-moi comment vous, un cerveau occidental, vous êtes devenu bolchevique ?

— Voulez-vous que nous sortions ? fit-il.

— Sortons.

Il était tard, plus de minuit. Il n'est plus ni jour ni nuit, en Russie ; on vit comme on peut, sans ordre, sans logique, au hasard de sa misère, de sa désespérance, de sa faim.

— Ah ! me dit-il, je vois de suite que vous n'avez pas compris. Avez-vous lu Karl Marx ?

— Je ne fais que cela depuis un mois.

— Le savez-vous par cœur ? Non. Au fait, vous avez peut-être lu Karl Marx, mais vous n'avez pas été éclairé par lui. Si vous aviez reçu la lumière du marxisme, vous ne me demanderiez pas pourquoi je suis bolchevique, vous le seriez vous-même. Vous ne vous rendez vraiment pas compte que la société telle qu'elle est ne peut durer. Il y a deux ans, moi non plus je ne m'en rendais pas compte.

— Cela est peut-être bien possible, mais pourquoi croyez-vous que c'est le bolchevisme qui doit la remplacer ?

— Pourquoi ? Parce que depuis plus de cinquante ans Karl Marx l'a annoncé et que tout ce qu'a prédit Karl Marx s'est réalisé et que...

— Dites donc, Marchand, hein ? Je suis bien gentil, mais il est inutile de me prendre pour un paysan russe.

— Mais non ! Mais non ! Je vous dis le fond de ma pensée, de mon intelligence, de mon cœur : quand on sait Karl Marx, on ne peut plus douter, c'est le bolchevisme qui doit sauver le monde.

Bon ! J'étais encore en présence d'un « éclairé ».

Ce n'était pas un éclairé du genre Pascal. Pascal est un « éclairé doux ». Marchand est un éclairé fulgurant. Et vous n'allez pas tarder à le voir.

Nous nous promenions place Rouge, sur la saisissante place Rouge, dans la ville de Chine, le long de la muraille muette du Kremlin. Il était une heure du matin. Comme chaque nuit, des coups de fusil mystérieux piquaient de temps en temps le silence. Il n'y avait personne que nous deux, sauf quelques affamés (mais est-ce que les affamés sont encore des hommes ?) geignant, çà et là, faiblement, l'estomac replié, sur le bord du trottoir, et la voix de Marchand, formidable, résonnait dans ce décor. Il disait :

— Tous les socialistes de France, qui ne comprennent pas cela, sont tous des traîtres : Albert Thomas, Renaudel, Cachin, Lafont, mon ami Lafont, Longuet.

— Longuet ?

— Oui, Longuet. Ce sont tous des traîtres. Dites-le-leur, dites-le-leur de ma part. Dites-leur ce que nous, de la IIIème internationale, nous pensons d'eux ici. En tant qu'hommes, s'ils viennent, nous leur serrerons la main, puisque nous avons tout de même été des amis, mais en tant que militants, c'est chacun d'un côté de la barricade que nous nous trouverons. Et je tirerai sur eux comme sur des chiens, et avec joie, vous entendez, avec joie...

Excelsior, *19 mai 1920*

Ce que les bolcheviques disent des socialistes

Moscou, avril 1920

Quels sont les plus terribles ennemis des bolcheviques ? On pourrait penser que c'est M. Paul Deschanel, S.. le roi d'Angleterre, ou M. Clemenceau, ou M. Lloyd George, ou M. Millerand, ou simplement les élus et les électeurs du bloc national, ou le maréchal Foch. Du tout. Ces personnages et ces foules sont regardés correctement. Quant à M. Bardou, il a « sauvé l'honneur de la France révolutionnaire ».

L'ennemi contre qui se déchaînent les violences de langage, c'est celui que jusqu'ici, dans votre naïveté, vous aviez pris pour le défenseur de la classe ouvrière : c'est Vandervelde, Branting, Kautsky, Longuet, Scheidemann, Macdonald, Cachin ; ne parlons pas de Renaudel, son nom seul soulève le cœur, ici.

Nous n'ignorions pas qu'un jour, Trotski, par sans-fil, avait dit son fait à Longuet. Nous supposions que ce n'était là qu'accès d'humeur, que mots vifs entre intimes, que le nuage était passé. Au contraire, le ciel bolchevique s'est obscurci sur la tête de nos socialistes.

— D'abord, pourquoi pas un seul n'est-il venu nous voir ? demandent-ils. Ils prétendent que leur gouvernement les en empêche ? Est-ce qu'ils ont besoin de la permission de leur gouvernement ? Sont-ils des enfants sous la férule du maître ? Quoi ! Ils disent qu'ils consacrent leur vie à la cause ouvrière, et quand il s'agit, pour servir cette cause, de risquer, d'avoir un peu de courage, ils reculent ! Ils ont peur de se faire pincer aux frontières ? Ils ont peur de ne plus pouvoir revenir chez eux ? Est-ce que le frère de Sadoul ne vient pas d'arriver chez nous ? Est-ce qu'il a eu peur, lui ? Ils ont peur de quitter leurs pantoufles, voilà la vérité ! D'ailleurs, pourquoi n'ont-ils pas déjà rompu avec la vieille société ? Qu'est-ce qu'ils font, tous ces socialistes, soixante, dit-on, à la Chambre des députés ? Est-ce que ça existe une Chambre des députés ? Ils n'ont donc pas honte de s'asseoir dans une assemblée, face aux gens qu'ils ont pour première mission de fusiller ? La vérité, c'est qu'ils sont tous pourvus de places.

— Vous aussi, risquâmes-nous timidement.

— Nous, c'est au nom du prolétariat : eux, c'est par la grâce et la complaisance de la bourgeoisie. Ils craignent, ces messieurs, d'abîmer leur belle petite vie. S'ils redoutent d'être mis en prison, qu'ils suivent notre exemple, qu'ils s'exilent, on peut s'exiler pour la cause, qu'ils partent pour la Suisse, et que de là, ils conduisent la propagande. Mais, pour cela, il leur faudrait quitter leur maison, et la cause du prolétariat, probablement, ne vaut pas ce dérangement. Si nous disons qu'ils sont des traîtres à la cause prolétarienne, c'est qu'ils savent très bien que, sans la révolution, le prolétariat ne pourra pas arriver au pouvoir et que, cette révolution, ils ne la font pas. Nous savons ce qu'ils prétendent : que l'heure n'est pas venue, et que les conditions de lutte de classes ne sont pas les mêmes chez eux qu'elles étaient chez nous. Mais quand une heure doit venir et qu'elle n'est pas venue, on ne l'attend pas tranquillement assis sur son siège de législateur, on marche au-devant d'elle, même si l'on doit tout bousculer, même si l'on doit y laisser sa peau. Où sont le Liebknecht et la Rosa Luxemburg du socialisme français ? Que la bande petite bourgeoise de nos anciens camarades nous montre son martyr, alors, ce jour-là, nous changerons d'avis ; pour l'instant, nous les considérons tous comme les arlequins du capital.

— C'est de l'ingratitude, dîmes-nous. Depuis deux ans, les socialistes français ne cessent, à la tribune ou dans leurs journaux, de prendre votre défense. Ils furent les adversaires persévérants de l'intervention des armées de l'Entente contre vous...

— Nous savons. Mais si vos socialistes croient remplir leur devoir envers le prolétariat en bredouillant un discours à la tribune ou en noircissant du papier, c'est qu'ils ne sont pas difficiles envers eux-mêmes. Nous savons que le *Populaire* nous a défendus. Dans une séance solennelle des soviets, à Moscou, après le rapport que nous avait fait, à ce sujet, un camarade venant de France, nous avons voté des remerciements à Longuet. Nous sommes donc quittes envers sa bonne volonté. Mais ce n'est pas de la bonne volonté, ce n'est pas de la sympathie que nous réclamons de lui comme des autres, c'est de l'action. Tant qu'ils n'agiront pas, ils seront des traîtres.

Qui nous a tenu ce langage ? Vous demandez-vous. Mais tous, et Tchitcherine, et maints commissaires du peuple dont les noms sont trop difficiles à écrire, et les bolcheviques français.

— Qui veut la fin doit vouloir les moyens, ajouta Pascal.

Et nous ont également parlé de la sorte des dizaines de militants, et Steklov, directeur des *Izvestia,* grand journaliste du régime.

A propos de Steklov, nous avons une commission à transmettre. Cela, insista-t-il, je tiens que vous le disiez.

— Non, mon ami, fit Mme Steklov, à quoi bon provoquer.

— Tais-toi, répliqua Steklov, je tiens que l'on répète ce que je vais dire.

Et Steklov me fit sa commission :

— Dites dans un de vos articles que moi, Steklov, je n'en veux pas, au fond, à mon vieil ami Longuet, et que pour le lui prouver, quand il aura prouvé lui-même qu'il n'a pas déserté la cause, j'ai déjà une idée de derrière la tête. Quand le bolchevisme sera installé à Paris, je ferai voter un vœu par le soviet central de Moscou. Je demanderai qu'au nom du prolétariat russe le *Populaire* s'installe à la place d'un des plus grands journaux de Paris. Longuet, de cette sorte, aura un beau bureau et beaucoup de machines pour tirer beaucoup de numéros, et j'irai lui rendre visite dans son nouveau local. Longuet sera ravi.

Qui attise la haine contre tous les socialistes qui ne se sont pas déclarés bolcheviques ? Lénine, Lénine en tête.

C'est surtout après Kautsky, le chef de la IIème Internationale, que Lénine en a. Il l'appelle, ou le laisse appeler (lisez l'*Internationale communiste)* : « pape à fausse tiare », « premier écœurant des renégats », « valet en chef du capital ». Scheidemann est un « chien galeux de chenil », Vandervelde une « ombrelle rouge percée ».

Lénine n'est pas seul à avoir l'imagination pittoresque. Trotski, Zinoviev et autres peignent ainsi Renaudel, Longuet, Cachin, etc. : « Les ventres qui ont peur de ne pas grossir », « ces cheminées qui croient cracher du feu et ne font que de la fumée blanche », « les velléitaires satisfaits », « bouffons entre deux sociétés », « âmes petites-bourgeoises sur fond rouge ». Nous ne cueillons que les fleurs les plus colorées. Nous laissons « tomber » les innombrables « traîtres à la cause » et « saltimbanques de meetings ».

Et qui préside à ce débordement d'injures ? Qui entend, dans les salles communes, au pied de la tribune de l'orateur assenant ainsi ses coups sur tout ce qui, jusqu'en 1917, fut le socialisme, qui entend — s'il l'entend encore — traîner tous ses amis, toutes ses idées, tous ses rêves généreux dans pire que la boue ? Jaurès.

Car, Jaurès, en buste, est partout.

Heureusement pour lui qu'il est mort. Il reste un grand homme. Vivant il serait lui aussi, j'en ai peur, une « ombrelle rouge percée ».

Excelsior, *20 mai 1920*

Comment fonctionne le régime de Lénine

Moscou, 4 avril 1920

Le bolchevisme a sa Constitution.

Chaque ville ou village a son soviet. Ces soviets se réunissent et élisent un soviet de canton. Les soviets de canton élisent un soviet de district. Les soviets de district élisent un soviet de province. Ici, les délégations commencent. Chaque soviet de province, suivant son importance, désigne des délégués qui forment le congrès panrusse des soviets. Celui-ci se réunit à Moscou. Le dernier eut lieu le 19 décembre 1919. C'était le septième.

Le congrès n'a qu'une tâche : élire le comité central exécutif (deux membres). Ce comité — le plus haut organe du régime — désigne son bureau, lequel élit son président qui, sans en porter le titre, devient président de la République Socialiste Fédérative des Soviets Russes. C'est, en ce moment, le paysan Kalinine.

Le comité central exécutif, une fois son président installé au Kremlin, désigne les commissaires du peuple. C'est Trotski qui fit adopter le nom de commissaire du peuple, en 1917.

Leur président est Lénine. Lénine, hiérarchiquement, est en dessous de Kalinine. Les commissariats sont au nombre de douze. Les commissaires ne fonctionnent pas seuls. On leur adjoint un collège composé de trois membres. Au bas de la moindre pièce, les trois signatures sont nécessaires.

Maintenant qui vote ? « Ceux qui se procurent des moyens d'existence par un travail productif et d'utilité sociale, et qui ne recourent point au travail salarié d'autrui. » Exemple : ouvriers, soldats (utilité sociale), employés des soviets, fonctionnaires des soviets, travailleurs de l'instruction publique, des beaux-arts, écrivains, artistes, mais écrivains et artistes qui sont ou communistes ou neutres.

Sont privés de vote ceux qui profitent d'une main d'œuvre quelconque, ceux qui vivent d'un revenu qui ne provient pas de leur travail, les commerçants (il n'y en a plus), les intermédiaires, les moines et les serviteurs des cultes (exclus en tant que prêtres, non en tant qu'ouvriers), les agents de l'ancienne police, les fous, les interdits, les condamnés.

L'ancienne justice fut jetée à terre. Le tribunal populaire unique a tout remplacé. Ne peuvent être élus à ce tribunal que ceux qui sont électeurs aux soviets. Il se compose d'un juge permanent, assisté de deux adjoints qui, eux, sont fugitifs. Ce tribunal juge tout ; affaires civiles et affaires criminelles, et en montant dans l'échelle judiciaire, il est toujours constitué de même.

Il n'y a pas encore de nouveau code, mais une série de décrets. D'ailleurs, le but poursuivi n'est plus de s'appuyer sur des textes, mais sur la compréhension que le tribunal doit avoir des cas. « L'idéal (déclaration Krassikoff, commissaire à la Justice) est d'en appeler à la conscience prolétarienne du juge. »

Le commissaire Krassikoff nous fit, d'ailleurs, bien d'autres confidences.

— Et la vulgaire criminalité, assassinats, vols, où en est-elle ? demandâmes-nous.

— Elle a considérablement diminué. À Petrograd, en 1914, il y eut cent soixante mille affaires criminelles. Il n'y en eut que quarante-huit mille en 1918. Ce qui est remarquable, c'est moins la diminution des cas que le changement de classe du personnel criminel. Nous avons de nouveaux apaches. Nos voleurs ne se recrutent plus dans les mêmes rangs. Ils ne font plus partie de ce que vous appelez la pègre. La pègre s'est « rangée », Ce sont tous maintenant « d'ex-braves gens » de l'ancien régime, des ci-devant, qui n'ayant pas voulu se plier aux nouvelles lois, qui, mourant de faim, n'ont d'autres ressources que de se faire détrousseurs.

— Voyons, demandâmes-nous ensuite, vous prétendez que le bolchevisme ne peut pas s'installer en un jour, qu'il faut lui faire crédit, qu'il a besoin de cinquante années pour être au point ; eh bien ! Transportons-nous en 1970 Comment mangera-t-on ? Y aura-t-il encore des soupes communes ?

Non.

— Alors, on pourra manger comme on voudra ?

— Non. Ce sera le communisme parfait. Chacun devra se conformer au menu du jour. Il n'y aura plus de soupes communes, mais une cuisine unique, que chaque maison recevra chaque matin, en abondance, car l'abondance régnera, les mêmes aliments. On descendra de son étage à cette cuisine prendre sa nourriture que l'on pourra manger chez soi.

— Et pour les vêtements ?

— Même chose. Nous aurons des vêtements en abondance, mais personne n'aura le droit d'en avoir un de plus que l'autre. Vous toucherez vos vêtements (car en 1970, l'argent sera supprimé, tous les projets seront réalisés, ce sera le paradis du bolchevisme), on touchera ses vêtements régulièrement, deux fois par an si c'est nécessaire.

Aura-t-on le droit de choisir ?

— Il y en aura de toutes les tailles.

— Et les dames ? Les dames seront-elles également habillées en gros ?

— Vous savez bien que nous ne faisons pas de différence entre un homme et une femme. Et tout ira ainsi. Tout souci matériel sera supprimé. L'homme n'aura plus que la pensée du bien commun.

Ainsi vivent déjà les habitants des casernes — mais ils ont vingt ans... et ils comptent les jours.

Excelsior, *21 mai 1920*

La messe des Français à l'église catholique de Moscou

Moscou, avril 1920

Et il est encore des Français en Russie !

Il en est en prison, dans les camps de concentration, en liberté. Ils vont rentrer, ils parleront. La pensée que nous pourrions rencontrer des Français en liberté fit pousser, sur-le-champ, autour de nous, un curieux espion. Il avait nom Minos mais, avouons-le, il nous offrait des cigarettes.

Vous vous imaginez que l'on peut se perdre en Russie ?

Erreur. Si vous cherchez une rue, surgit justement, à cet instant, un monsieur qui épiait vos secrets désirs ; il vous l'indique. Si vous tenez un propos, que vous soupiriez, par exemple, en place publique, alors que vous vous croyez seul : « Ah ! Que je voudrais trouver du cirage ! », quelques heures après, le commandant de votre maison vous dira : « Je sais que vous désirez du cirage, malheureusement il n'y en a pas. » Si une nuit, par exemple, en compagnie d'un camarade d'aventure, de Charles Pettit, de l'écrivain Charles Pettit, qui, en même temps que nous, roulait sa bosse dans la RSFSR, vous fumez trop dans votre chambre, eh bien ! Ce n'est pas vous qui tousserez, c'est l'armoire. Ouvrez-la : une femme sur un matelas veille dedans. Elle pouvait supporter la gêne, non le tabac. On ne pense pas à tout ! Bref, où que vous soyez, vous n'aurez pas à craindre la solitude.

Nous avions cependant un complot à tramer avec une Française de Petrograd. Il nous fallait la joindre, coûte que coûte. Nous avions à lui remettre la photographie de sa fille. Après trois ans de silence, cela pouvait faire plaisir à une mère. Nous le lui fîmes dire, et de se trouver le lendemain, à telle heure, sur le quai, devant la statue où Pierre le Grand à cheval s'enlève pour son grand règne. Elle ne s'y trouva pas. Le lendemain, nous étions chez elle.

C'était loin. Nous frappâmes au cinquième. On n'ouvrit pas. Nous menâmes plus grand tapage.

— Qui est là ? interrogea une voix effrayée.

— La photographie de votre petite fille, madame.

Elle entrouvrit la porte. Elle n'était encore sûre de rien, elle nous laissa tout de même entrer.

— Pourquoi n'êtes-vous pas venue, hier, madame ?

— Je n'ai pas osé, j'étais folle de joie à la pensée de cette photographie, mais je me suis dit que ce n'était pas possible, que c'était un piège. Vous avez réellement cette photo ? fit-elle, n'étant pas encore convaincue que ce ne fût point l'appât.

Nous la lui donnâmes. Elle tomba sur sa chaise et sanglota et, à travers ses sanglots, elle nous demandait pardon de nous avoir pris pour un agent provocateur.

— C'est que nous y sommes habitués, maintenant, c'est notre vie ; nous sommes craintifs comme des bêtes ; nous n'osons plus lever les yeux. Reprendre les mœurs des êtres libres sera long. Mais pourquoi, monsieur — et alors sa figure devint rouge, et ses yeux mouillés prirent un air méchant — pourquoi la France nous a-t-elle abandonnés ? On ne sait donc pas en France ce qui se passe ici ? Va-t-on nous laisser complètement mourir, mourir de terreur encore plus que de faim, que de froid ? Ce n'est donc pas assez, ce que nous avons subi cet hiver ? Nous ne savions jamais si nous nous relèverions le lendemain. Quand notre cœur ne s'arrêtait pas de peur, c'était de froid. Ce n'est pas à Lénine que nous en voulons, ce n'est pas aux grands chefs, ils ignorent, eux ! Ah ! Si vous saviez, monsieur, si vous saviez !

Mais de nouveaux sanglots coupèrent sa colère.

— C'est fini. Vous allez partir, c'est signé.

— Ah ! Mon Dieu ! Mon Dieu ! Merci ! Merci ! criait-elle, les mains haut croisées au-dessus de la tête.

Si c'était à Moscou que nous eussions dû remettre ces nouvelles, elles seraient restées dans notre poche. Avec Moscou pour repoussoir, Petrograd ressemble à la liberté. Nous savons très bien que, lorsque nous confions cette pensée aux misérables de Petrograd, ils nous regardent avec une douleur étonnée. Dire à un prisonnier qu'il doit être heureux de se trouver dans la prison de droite plutôt que dans celle de gauche, c'est lui amener sur les lèvres un amer sourire. La différence est cependant frappante. A Petrograd, on n'a que l'impression d'avoir une chaîne au cou ; à Moscou, c'est la main sur la nuque.

Minos, l'espion Minos, le terrible et puéril espion Minos s'était dit que nous ne verrions pas un Français dans sa capitale. Quoique Minos eût la tête d'un Espagnol de Goya, il était protestant et, de plus, bolchevique. Il nous vantait l'esprit large du régime. Aussi, répétait-il que les cultes sont restés libres, le dimanche matin. Minos était toujours là. Nous nous promenions, Pettit, Minos et moi.

— Dites donc, Minos, vous nous avez dit que les cultes sont restés libres, l'église française est donc ouverte ?

— Parfaitement, fit-il, souriant de fierté.

— Voilà qui est bien. Moi, je suis pratiquant, je vais aller à la messe.

— C'est cela, allons à la messe, fit Minos.

— Ah non ! Pas vous ! Vous, vous êtes protestant, et un protestant n'a pas le droit d'entrer dans une église catholique.

— Mais non ! faisait Minos, ce n'est pas comme cela en Russie.

— C'est comme cela en France, camarade.

— Parfaitement, fit Pettit, qui, ainsi que vous le voyez, était très calé sur les mœurs religieuses. D'ailleurs, ajouta mon compagnon d'infortune, moi je ne suis pas pratiquant, je ne vais pas à la messe.

Minos, quoique né bourreau, ne pouvait se couper en deux, de plus, il était luthérien. Sous le charme de la conversation de Pettit, il attendit donc à la porte de l'église catholique.

La messe se disait dans la chapelle droite ; Notre-Dame de Lourdes, son grand chapelet à ses mains jointes, dominait l'autel.

Le curé français, cheveux gris, de la petite balustrade, prêchait. Il y avait là, ramassées dans ce coin de sanctuaire, quatre-vingt-dix-sept personnes. C'étaient nos compatriotes. C'était émouvant. Ils avaient des vêtements propres, mais luisants. Ils étaient maigres, les yeux tirés. Ils paraissaient heureux d'être réunis. Ces hommes, au temps jadis, ne devaient pas assister à l'office. Ils ne le manquent plus, aujourd'hui. Dimanche n'est plus seulement pour eux le jour du Seigneur, c'est celui où — entre soi — on peut échanger des regards. Le curé prêchait. Il disait qu'il faut toujours croire à l'Espérance, même si on ne la voit pas luire. Pour envelopper ses exhortations, il prenait prétexte de l'histoire du disciple Thomas. « Thomas répétait : Je ne croirai que lorsque j'aurai vu. Il a vu, il a cru, mais, pendant tout le temps qu'il douta, il s'est rendu malheureux. »

Nous nous étions assis près d'un fidèle.

— Vous êtes Français ? demandâmes-nous.

— Oui, fit-il étonné.

— Moi aussi.

— Je ne vous ai jamais vu.

— Je viens d'arriver.

Ce Français trouva que cela était peu clair.

— Ah ! fit-il tout court, voulant éviter visiblement cette conversation.

« Oui, mes frères, continuait le prêtre, Dieu n'abandonne jamais les siens. Continuez de lui réclamer chaque jour ce que, au fond de vous-mêmes, vous souhaitez de plus. Un jour vous serez exaucés. »

J'étais suspect. Sous la Terreur, une tête nouvelle dans un groupe dont les membres se connaissent est toujours suspecte. Puis au moment où eux, Français, n'ont qu'un dévorant désir : partir, quel était ce Français qui arrivait ? Le prêche était fini. Un orgue joua. Je levai la tête. Il y avait une tribune et trois ou quatre occupants. Là, je causerai moins d'émoi. Je me levai, montai à la tribune. Deux dames se préparaient à chanter. Il y avait aussi l'organiste et un jeune homme devant le lutrin. Sur le lutrin, une partition : musique religieuse de Saint-Saëns. Ayant gravi les marches, poussé la porte, doucement j'apparus. Inquiètes, les quatre personnes me regardèrent.

Vous êtes française, madame ?

— Oui, monsieur, répondit cette dame, craintive.

— Moi aussi, je suis français ; je ne suis pas un agent provocateur. Je viens d'arriver. Je n'ai pas voulu aller voir les Français chez eux.

— Oh ! Vous avez bien fait !

— Je viens vous donner une bonne nouvelle. Vous la transmettrez à tous. Vous allez partir, c'est fait. C'est sûr, encore un mois peut-être, mais c'est sûr, c'est signé.

— Allons ! Allons ! Madame, fit l'organiste ; c'est le moment.

La dame accourut au lutrin. Une joie rajeunissait son visage.

— Ah ! Merci ! me dit-elle.

Je descendis. Elle chantait déjà. Sa voix était certainement plus émue que le dimanche précédent...

Excelsior, *22 mai 1920*

Albert Londres

Chez Maxime Gorki

Petrograd, avril 1920

Gorki ! Il y a l'énigme Gorki. Est-il bolchevique ? Antibolchevique ? Fait-il le bolchevique ? Il l'est, disent les uns. Non ! jurent les autres. Ce n'est pas une violente querelle ! Il n'y a plus assez de force physique ni de liberté d'esprit à Petrograd pour nourrir de violentes querelles, mais le cas intrigue.

— Monsieur, nous dira une dame médecin, ne croyez pas ma sœur. Pourquoi prétends-tu que Gorki n'est pas bolchevique ? (Elle s'adresse à sa sœur). Tu n'as donc pas lu son discours pour le jubilé de Lénine ?

— Qu'a-t-il dit, madame ?

— Que Lénine ferait dans l'histoire, plus grande figure que Napoléon. Napoléon, avec ses armées, n'ayant conquis qu'une partie de l'Europe ; Lénine, avec sa pensée, étant en train de bouleverser le monde.

Parce que Gorki trouve bon d'habiter de l'autre côté de la Neva, qu'il n'y a plus de voiture pour vous y conduire, que c'est un long chemin à travers les rues dépavées de la ci-devant capitale, ce n'est pas un motif pour renoncer à le joindre. D'autant qu'il est impossible que nous nous égarions. C'est madame Raditis elle-même, commissaire des Affaires étrangères de Petrograd, qui, de sa main, nous tracera sur notre carnet la route à suivre : vous partez d'ici, palais d'Hiver, gagnez la Neva, suivez le quai, vous savez ? devant Pierre-et-Paul, la forteresse à la longue aiguille d'or ; puis, vous voyez une grande maison rouge, c'est l'ambassade d'Angleterre ; du moins, c'était elle. Vous prenez le pont juste en face, il s'appelle le pont Trœlky.

— Trotski ?

— Non, ce n'est pas le même. Vous passez devant le pavillon de la Kéhésiaska...

— Kéhésiaska ?

— Oui, l'illustre ballerine, l'ancienne amie de l'empereur et des oncles de l'empereur. Lieu historique pour nous : c'est de ce balcon que Lénine, ayant remplacé la Kéhésiaska en fuite, faisait ses discours en 1917. Vous suivez toujours. Un jardin commence, longez-le, et, à gauche, la rue qui tourne en forme de cirque, c'est là, n° 5.

En allant, nous pensions à ce que nous avions entendu de Gorki. Grâce à Gorki, des Français étaient sortis de prison ; grâce à Gorki, des gentilshommes avaient été tirés des mains des exécuteurs chinois ; grâce à Gorki, les savants, les écrivains mangeaient. Pour les uns, c'était simple : la religion de Gorki tenait en ces mots : « Hurler avec les loups. » Pour les autres, elle était d'essence plus élevée : « Ils ont le pouvoir, aurait-il dit, pour l'instant on ne peut rien contre eux. Ils sont fiers de m'installer à leur côté sur leur tribune, allons-y si, à ce prix, je soulage des misères. » Gorki aurait également pensé : « Ces commissaires sont brutaux, frustes, entourons-les, nous gens plus civilisés, pour arrondir leurs angles. » En somme, au milieu des champs de bataille bolcheviques, Gorki tenait le drapeau de la Croix-Rouge.

Madame Raditis sait admirablement tracer un plan. Son dessin nous conduisit droit chez Gorki, l'illustre écrivain. Il nous y conduisit par l'escalier de service, le principal, bien entendu, étant condamné. Ce que le jour est à la nuit, sa maison, comme toutes les autres, l'était à la propreté. L'escalier de service aboutissant en général dans les cuisines, c'est par la cuisine que nous entrâmes. Il était huit heures du soir. Le millet était sur le feu. Du linge suspendu à des cordes encombrait tout. À une servante russe de l'ancien modèle, c'est-à-dire genre esclave, nous demandâmes M. Gorki.

— Da-da-da, fit-elle,

Ce qui signifiait : oui. Elle disparut. Quand elle revint, ce n'était pas Gorki qu'elle ramenait, c'était une jeune dame brune et belle. La dame nous fit avancer dans les appartements.

— Mais, madame, vous êtes française ?

— Non, je suis russe. Est-ce vrai que je parle bien votre langue ? Gorki ? Mais sûrement, il sera content de vous voir, attendez-le, il ne tardera pas. Sincèrement, monsieur, vous qui venez d'arriver, quel effet la nouvelle Russie vous produit-elle ?

— Pour dire vrai, madame, je suis complètement ahuri.

— Et moi, savez-vous ce qui m'étonne le plus, c'est d'être vivante. Au fait, les bolcheviques ont peut-être raison, on mangeait trop autrefois. Aujourd'hui, en ne mangeant rien, on arrive à ne plus avoir faim — expérimentez-le, vous verrez — et à vivre tout de même. Peut-être que les grands problèmes de l'existence se résument, au fond, dans une question d'éducation de l'estomac.

Gorki a conservé intact son appartement. On ne lui a pas enlevé ses meubles, on ne l'a pas parqué dans une pièce pour donner les autres à des prolétaires. Il fut traité en seigneur. En réponse, il agit en seigneur. Chez lui, il recueille ses camarades peintres, poètes, qui, chênes moins solides que lui, ployèrent sous le grand vent. On a mis des lits dans l'antichambre, on en déploiera tout à l'heure dans le salon, aux tableaux napolitains (ah ! Capri !), et sa salle à manger est une table d'hôte.

Les réfugiés arrivent. « Tiens ! Ont-ils l'air de penser, nous apercevant, voilà un nouveau locataire ! » Petits saluts au passage, conversation avec la dame brune et belle, la dame brune et belle qui dit encore :

— Ma sœur est à Paris. Je n'aurais pas changé sa place contre la mienne. Je suis russe, je n'aurais pas voulu que mon pays passât où il a passé sans être là. Même maintenant, si je le pouvais, je ne m'en irais pas. Il me semble que je le console.

Onze heures du soir. Gorki devait rentrer à huit heures, puis à neuf heures, puis à dix. Il en est onze. — Attendez encore, conseille la dame belle : la vie, vous savez, n'est plus réglée.

Onze heures et demie : Gorki.

Cheveux ras, noirs, tête taillée à la serpe, yeux hardis, haut de corps, large d'épaules, ferme dans son pas. C'est sûrement le seul homme, depuis que nous sommes en Russie, que nous voyions sûr de lui. Comment ? Voilà un être qui n'a pas le regard du chien battu, ni l'oreille aux aguets ? Il marche carrément et sa voix sonne comme il entend qu'elle sonne !

— Non ! Et cela je puis vous le dire, je ne suis pas communiste.

Êtes-vous bolchevique ?

— Le bolchevisme étant le communisme, je ne suis donc pas bolchevique. Vous me demandez si je ne sens pas le besoin de parler, si je n'ai pas de déclarations à faire. Si. Mais ces déclarations, c'est d'abord à mon peuple russe, que j'adore, que je dois les porter. En ce moment, je ne le puis pas. Je n'ai ni ma liberté de parole, ni ma liberté de plume. J'attends. Mais je ne veux pas qu'un autre peuple connaisse, avant le mien, ce que j'ai à lui dire.

— Vous collaborez avec les bolcheviques ? Vous êtes en rapports constants avec eux ?

— Oui. Je suis directeur d'une de leurs fondations. Ce ne sont pas, surtout dans l'ordre intellectuel, les bonnes idées qui leur manquent. Si le bolcheviste n'était dans un gouvernement que ministre de l'Instruction publique, comme ce gouvernement lui donnerait les moyens matériels de réaliser ses idées, nous irions de l'avant. Pour tout ce qui est art, littérature, éducation de l'esprit, ils sont audacieux. Ils cherchent. Ils ont réuni, il n'y a pas longtemps, les avocats, les prédicateurs (un prêtre français, le père Lagrange, dominicain, fut convoqué), les comédiens. Lounatcharski présidait. Ils désiraient savoir comment on pourrait établir une école d'éloquence. En hygiène, leurs méthodes, qui, pour les femmes, sont inapplicables, vexatoires, partent d'un bon cœur. Les docteurs vous diront que ce que leur demandent les bolcheviques est toujours dans l'intérêt le mieux compris de la santé publique. Mais le mieux n'est-il pas l'ennemi du bien ? Pour les enfants, tout ce qui peut être fait est fait, mais pour les enfants à eux confiés. En somme, ce n'est ni le cœur, ni l'intelligence qui leur manquent.

— C'est la mesure.

— Disons le sens des nécessités. Je dirige deux maisons d'édition ; leur but (programme bolchevique) est de permettre au peuple qui ne parle que le russe de connaître les chefs-d'œuvre étrangers. Nous traduisons des Français, des Allemands, des

Anglais, des Chinois. Nous avons rétabli Tolstoï, dont certains livres, sous l'ancien régime, n'étaient permis qu'avec des coupures. À cette tâche, je consacre mon temps.

— Vous avez obtenu que les artistes, que les savants ne meurent pas de faim ?

— Oui, une ration spéciale est créée pour eux, l' *akademitcheski païok,* ce qui veut dire « ration académique ». Ils touchent six cent vingt grammes de pain par jour et de la viande.

— Madame (Gorki ne parle pas français, la dame brune et belle était l'interprète), voudriez-vous demander à Gorki ce qu'il pense de l'opposition inerte des paysans russes ?

— Gorki dit que le paysan russe, c'est le flot qui monte.

— Voudriez-vous lui demander s'il croit que cela peut durer ?

Gorki répondit lui-même en levant les yeux et les épaules.

— A-t-il écrit une œuvre pendant ces deux années terribles ?

D'un ton indifferent, le regard bien loin de cette idée, Gorki fit :

— *Niet* (Non).

Excelsior, *23 mai 1920*

L'armée Rouge fait par instants l'Union sacrée

Moscou, 4 avril 1920

C'est la IIIème Internationale. C'est le régime qui, à Brest-Litovsk, débuta par la capitulation joyeuse. Les bolcheviques ont escaladé le pouvoir, avec ces mots écrits sur leur bannière : « La classe avant la patrie. » S'ils ont culbuté Kerenski, c'est qu'ils ont dit aux soldats du front : « Jetez vos fusils, allez-vous-en, il n'y a plus ni Russie ni Allemagne, il n'y en a jamais eu, il n'existe plus que les prolétaires. » Qu'un homme portât l'uniforme d'officier, qu'il eût vingt ans, qu'il en eût soixante, il était égorgé. Des mois et des mois dura la battue aux épaulettes. Les cadets, des gosses, dix-huit, vingt ans, réfugiés sur le toit d'un hôtel de Petrograd, du haut furent précipités sur la chaussée. Et les « cargaisons » sur des chalands, la nuit venue, chaque semaine, de la Neva, voguaient vers Cronstadt. C'était l'armée qu'on déportait — au fond de la mer !

C'est toujours la IIIème Internationale. On ne capitule plus à Brest-Litovsk, on repousse, à Raïaïoki, les exigences des Finlandais. La Pologne lève la tête ? On saute à la gorge de la Pologne. N'osant pas crier : « Vive la patrie ! » on crie : « Vive la Russie ! » On ne dit plus aux soldats : « Jetez vos armes ! », on en cherche de tous côtés, et quand on les leur remet — solennellement — on commande : « Servez-vous-en bien ! » On mène encore la chasse contre les anciens officiers, mais ce n'est plus pour les assassiner, c'est pour leur offrir, en échange de leurs connaissances, plus de grammes de pain chaque jour. On leur arrachait les épaulettes, on leur brode, aujourd'hui, une belle étoile rouge sur la manche. On ne s'appelle plus « cadet », mais « élève ». On ne vous bascule plus du sixième étage, on vous instruit dans les ex-palais. Et si la Baltique pouvait rendre ce qu'elle a englouti, Trotski dirait à la Baltique : « Rends-les-nous. »

— Broussilov. Nous voudrions voir Broussilov. Nous aurions demandé au début de 1914, aux Allemands, la permission

78

de visiter en détail les forts de Metz, que l'œil dont ils nous auraient regardé n'eût pas marqué plus de stupéfaction que celui des commissaires à qui nous soumettions ce désir.

— Il existe bien ?

Il existe. C'est un fait. Mais il est cloîtré. Il commande, en nom, l'armée rouge. Cela même lui a coûté son fils, lieutenant de ladite armée. Fait prisonnier sur le front Koltchak, il s'inscrivait, comme ses compagnons, sur la liste « d'entrée »,

— Broussilov ? Vous êtes parent de Broussilov ?

— C'est mon père.

Six balles « blanches » dans la peau arrêtèrent là l'entretien. Broussilov est l'enseigne. Kamenev dirige.

Et, le 1er novembre 1919, la mobilisation des classes de 1888 à 1901 ayant été décrétée, l'armée Rouge compte aujourd'hui un million trois cent mille hommes. Il y eut de bien saisissantes hordes dans l'Histoire. Celle-ci est mieux. Elle a d'abord l'originalité d'être l'armée fondée au nom de l'antimilitarisme. Son chant est *l'Internationale.* « Demain, l'Inter-natio-naaa-le sera le genre humain », hurle-t-elle en marchant, haine patriotique au cœur contre l'ennemi. Ah ! Son allure ! Elle n'est pas ridicule. Des hommes allant se battre, ou souffrir en tout cas, sous la discipline, dans les marches, peuvent être coiffés de ce qu'ils peuvent, recouverts de défroques, ils ne vous font pas rire. Vieux enrôlés, rares femmes misérablement déchues, ressemblant à des reprises faites à la hâte dans l'étoffe de ces régiments, ce n'est pas cela qui lui mérite le plus la postérité. C'est la crainte, la résignation, l'esclavage qui serpentent dans ces rangs. C'est pour les chefs, pour ceux qui pensent, le mélange de patriotisme et de terreur qui les maintient en place. Haïssant les créateurs de l'armée rouge, ils sont à son service, et dans cette alternative de laisser croire que c'est pour Lénine qu'ils mourront, alors que ce sera pour la sainte Russie. Oui, ce sont les anciens officiers du tsar, ceux qui restent, surtout dans le haut, qui mènent l'œuvre de Trotski. Pourquoi ? Cela d'abord commença parce qu'il faut vivre. Tout était interdit à l'ancien officier.

Pas de choix : mourir ou reprendre son grade. Le loup sort du bois, l'homme sort de son orgueil quand la faim le pousse. L'officier accepta. On lui redonna son pouvoir. Où il avait quitté l'anarchie, il retrouva la discipline. Ses épaulettes le désignaient à l'injure, son étoile rouge provoqua la chute des bras dans le rang. Il trouva la peine de mort rétablie, et ce n'était pas un épouvantail, on exigeait des exemples.

Reprise de fonction ne signifie pas rentrée en confiance. Trotski le leur fit voir. Seuls aux officiers possédant une famille pouvant servir d'otage les hauts postes furent réservés. Les sans-parents ne dépassèrent pas les bas grades. Un aviateur — qui peut répondre d'un aviateur alors qu'il a quitté le sol ? —, un aviateur ne pouvait prendre son vol s'il ne laissait en gage, dans un rayon de dix verstes de son escadrille, quelqu'un des siens, pas plus loin que le troisième degré. Il y avait des tentes spéciales pour cela.

Quand on en arrive à ce point, ce n'est pas pour s'arrêter. Comme d'invisibles vagues de gaz, prêtes à asphyxier les complots, dans ces cadres, les espions furent lâchés. C'étaient les membres de la « brigade pure ». La brigade pure ne compte pas un homme dont la foi communiste ne soit transparente. Ces fanatiques sont dans toute l'armée comme autant d'oreilles de Trotski. Une dénonciation et c'est le poteau. Et c'est ainsi que l'armée rouge est muette, immobile, sans murmures — autres que ceux de l'âme.

Mais, curieux phénomène, si c'est la faim qui amena les officiers à Trotski, si c'est la sauvegarde de la vie de leurs enfants qui les soumet aux ordres de la dictature, c'est le patriotisme qui, dans leur conscience, leur fait trouver des excuses, voire de la joie, à leur tâche. Les bolcheviques se sont constitués les défenseurs de la patrie russe. C'est leur bolchevisme avant tout qu'ils défendent, mais en même temps c'est le territoire.

— Et vivent les défenseurs du territoire ! Que voulaient-ils, ces Youdenitch, ces Denikine, ces Koltchak ? Qu'avaient-ils bien pu promettre à l'étranger pour recevoir de lui aide et or ? Que veulent ces Finlandais ? Ils veulent Arkhangel ? Petrograd peut-être aussi ? L'armistice était en cours. Les pourparlers étaient engagés. Devant l'appétit des ennemis, Tchitcherine a rompu. Et vive Tchitcherine ! Et les Polonais ? Ils veulent Kiev ? Odessa ? C'est leurs frontières de 1772 qu'ils réclament ? C'est à Moscou

Albert Londres

qu'ils désirent revenir ? S'ils avaient existé dans l'Antiquité, ils demanderaient Ninive. Sus aux Polonais !

Voilà ce que crient les bolcheviques. Et ex-généraux, ex-ci-devant traîneurs de sabre, ex-bourgeois, terrorisés, affamés, toutes les victimes, d'une voix faible, mais de leur voix tout de même, en amour de leur patrie, répètent le cri de leurs bourreaux.

C'est l'union sacrée d'un instant.

Excelsior, *24 mai 1920*

81

Propos et récits d'un Russe ex-habitant de Montparnasse

Moscou, avril 1920

Il y avait à Moscou une table. Cette table, à quatre pieds, se trouvait dans l'antichambre de l'aile droite d'un palais particulier. En l'espèce, le « particulier » était un ancien roi du sucre, qui, sans doute à cause de cela — du moins, un Russe, ancien Montmartrois, le prétendait —, avait « mis les cannes ».

Si nous connaissions cette antichambre, c'est que là, justement, par les soins privilégiés de la R.S.F.S.R, sur la Moskova, face au Kremlin d'Asie, nous étions logés. Et comme on ne pouvait pas connaître l'antichambre sans connaître la table, vous voilà donc au courant de nos connaissances.

Nous n'étions rien, nous ne sommes encore rien, mais, — et c'est bien par ces riens que l'on reconnaît un Etat démocratique — nous étions traité comme un commissaire. En conséquence, trois fois par jour, cette table avait les honneurs de notre fréquentation.

Il arrive quelquefois que les tables tournent : celle-ci, vers neuf heures du matin, chantait. Si ce n'était elle, c'était du moins son samovar. « Je te nourris mal, mais je te distrais », semblait-elle nous dire.

C'était l'heure du thé. La « servante » attachée à notre personne avait une courte robe de soie noire, des bas de fil blanc, des souliers hauts sur talons, de faux brillants aux oreilles et des courbatures dans tout le corps. C'étaient ses courbatures qui nous faisaient le plus de plaisir. Elle les gagnait chaque nuit dans notre armoire où elle aimait à coucher. Elle n'entendait certainement rien au français, mais, par instinct sans doute, ses joues se coloraient quand nous remarquions : « Elle n'a pas un vilain profil ! »

Une tasse, voire plusieurs tasses de thé jusqu'à quatre heures de l'après-midi, c'était peu, c'était tout de même tout. Cependant, quatre heures arrivaient et, cette fois, ce n'était plus la table qui allait chanter, c'est nous qui allions manger du millet. Mais un commissaire ne « touche » pas seulement des grains d'oiseau, il a une soupe avant et du thé après : nous avions tout cela.

Comme ce n'est pas à cause de la nourriture que nous eûmes l'idée de vous parler de cette table, il serait peut-être bon d'en arriver au fait. Le troisième repas se situait aux environs de onze heures du soir. Onze heures n'étaient, en vérité, que sept heures et demie, l'heure étant ici avancée d'autant. C'est que, dans tout, l'harmonie doit régner. Où la civilisation recule, le soleil doit retarder. A ce troisième repas, outre le millet, nous recevions des invités.

Le plus fidèle était un Russe, ex-Parisien, ex-critique d'art, ex-habitant de Montparnasse. On ne trouve plus en Russie des gens qui sont quelque chose, mais qui ont été quelque chose. « Où en est mon cher Montparnasse ? » demandait-il. « Qu'expose mon ami Picasso ? » Notre hôte était bolchevique. Il était du moins au service de confiance des bolcheviques.

Prenez un homme, épilez-le sur le crâne, mettez-lui une assez longue barbe blonde, habillez-le misérablement d'un vêtement de grand âge et unique, enfoncez-lui une boule de caoutchouc dans le gosier, vous aurez notre convive en train de parler.

La sordidité de sa mise le gênait. Ce n'était pas par habitude qu'il portait des pantalons à franges et du linge qui depuis des semaines avait cessé d'être douteux. Et il avait faim ! C'était notre ration de commissaire qui nous valait son vif intérêt à l'heure du repas du soir, c'étaient surtout quelques vieux pains moisis, quelques œufs durs pourris et un jambon, derniers survivants de nos provisions de Finlande.

Le jaune des œufs étant impossible, il en dévorait le blanc. Et pour nous remercier, il nous contait des histoires.

— Ainsi, mon cher monsieur, je vais vous dire comment a trépassé un de mes anciens amis de Petrograd qui ne s'était pas rallié à la cause. Il avait été condamné à mort. On lui avait auparavant, comme à tout le monde, pris son automobile. Miraculeusement, son auto, un jour, vint stopper devant sa prison. Il ignorait la décision de la V. tché K. (V. tché. K. signifie commission extraordinaire. Quand on prononce ces lettres devant un Russe, il se fige et attend le feu du ciel.) On le fit sortir. Il vit sa voiture. On le pria de monter dedans. Il se demandait s'il ne rêvait pas, si une révolution, sans qu'il le sût, avait eu lieu ; si c'était le passé qui recommençait. Un homme l'accompagnait. Il lui laissa cette espérance. Heureux, mon ami, pour mieux respirer, pour humer sa liberté, se mit en mesure de baisser le carreau de la portière. Pour cela, il tourna le dos à son compagnon. Le compagnon attendait ce moment ; son revolver était prêt, il lui brûla la cervelle. Mon ami avait fini dans l'illusion de sa délivrance. Justice était faite.

S'il est des leçons qui valent bien un fromage, il est des histoires qui méritent mieux que des blancs d'œufs pourris :

— Coupez-vous donc une tranche de jambon, cher ami.

— Je vais vous raconter comment est mort un illustre avocat de Moscou.

Et, sa boule de caoutchouc dans le gosier, le conteur parla :

— Cet illustre avocat de Moscou ne pouvait pas se consoler que la justice ne fonctionnât plus comme au temps de ses succès. Dans sa prison, il voulait être jugé avec des formes ; exécuté, si on devait l'exécuter, avec des formes. Bon ! dit-on, puisqu'il veut des formes, il en aura. La V. tché K. le condamne, en son absence, bien entendu ; mais, pour répondre à son désir, décide que le jugement, pris contre lui, lui sera lu, lu d'une certaine façon. On appelle un soir l'illustre avocat dans une pièce de la prison. On lui tient ce langage : « Vous réclamez d'être jugé suivant les formes. C'est fait. Vous allez pouvoir vous en rendre compte. Nous vous apportons la pièce du jugement. Lisez-la. » On lui remet le papier. L'avocat en commence la lecture. Un camarade s'était glissé derrière lui. L'avocat allait arriver à la sentence, voir qu'il était condamné à mort. Malgré son amour des formes, on lui épargna ce coup. Le camarade, qui connaissait le texte, juste à temps, par-derrière, lui brûla la cervelle.

— Coupez-vous donc encore une tranche de jambon.

— Je vais vous raconter comment est morte une petite danseuse. La V-tché-K l'avait dépistée. Elle naviguait dans les eaux des socialistes révolutionnaires. C'était au moment de la grande terreur, après les attentats contre Ouritsky, contre Lénine. Savez-vous combien nous avons déjoué de complots de socialistes révolutionnaires ? Trois mille. On ne l'arrêta pas, on la suivit. La V-tché-K. étudiait l'affaire. Elle acquit la conviction que la petite était coupable. On la convoqua un soir, sous prétexte de danser en particulier. On lui dit qu'on l'avait remarquée, qu'elle avait plu. Elle était bien contente. Arrivée à la maison, elle trouva un coiffeur. Elle devait danser quelque chose de japonais. « Le coiffeur va vous coiffer », lui dit-on. Elle s'assit. Mais ce n'était pas un peigne qu'avait le coiffeur, c'était un revolver. Il lui brûla la cervelle par derrière. Il eût été dommage de la faire souffrir...

Servez-vous, coupez-vous encore une tranche.

— Je vais vous raconter comment est mort un pope contre-révolutionnaire. Cela ne se passa pas à Petrograd ni à Moscou. Il usait de son autorité morale pour maintenir ses fidèles dans les voies de l'ancien régime. Il opposait de la résistance au soviet de l'endroit. La contagion se gagnait dans les villages. Le soviet décida de faire un exemple. Il le condamna. Pour porter tout son fruit, voici comment la sentence fut exécutée : un dimanche, un dimanche matin, pendant l'office, alors que l'église était bondée et que le pope, en vêtement de cérémonie, officiait, le justicier du soviet, qui était là parmi la foule, monta subitement à l'autel, sortit son revolver et abattit le prêtre. Il tira ensuite la sentence de sa poche et, à haute voix, aux pieds du cadavre doré, fit connaître aux fidèles le motif de l'exécution. Loin à la ronde, cela brisa la contre-propagande.

— Encore une tranche ?

— Je vais vous raconter...

Comme tous les soirs, des coups de fusil piquaient le silence de Moscou.

— Mais dites-moi donc pourquoi, chaque nuit, on entend de ces coups de fusil.

— Voyez-vous, cher monsieur, répliquait mon hôte, le regard indéfinissable, cela n'est pas de mon ressort. Moi, je ne connais que les vieilles histoires. Je vais vous raconter.

Excelsior, *25 mai 1920*

Promenade à travers Moscou, capitale bolchevique et ville de misère

Moscou, avril 1920

Il semble d'abord que vous allez dans une ville qui n'aurait pas été nettoyée depuis des années.

Les coupoles d'or des églises sans nombre resplendissant au soleil, tels de fastueux tarbouchs de nabab, écrasent insolemment, comme un passé trop haut pour qu'on ait pu l'atteindre, cette misère nouvellement régnante.

Au centre, entouré d'abord au loin de sa ville blanche, plus près de sa ville de Chine, bien ramassé dans sa muraille crénelée, le Kremlin, à son énigme de jadis, ajoute son énigme d'aujourd'hui. C'est dans deux pièces du troisième étage de son palais impérial de justice que, cloîtré, son chat sur les genoux, ses yeux asiatiques mi-fermés, Lénine rêve. C'est dans une de ses villas, à l'ombre de la tour d'Ivan le Terrible, que Trotski, chaque fois que la porte de la grille qui ceinture la Russie est sur le point de céder, donne au régime, de sa poigne inflexible, de formidables tours de clef. C'est dans sa « maison des menues folies », où les tsars, au temps révolu, venaient oublier les pompes du couronnement que Lounatcharski, méthodique, dresse la nouvelle charte de l'intelligence !

Aux entrées de ce Kremlin, à ses ponts, on ne passe plus. Des soldats doublés, fusil en main, en défendent l'accès.

Si vous prenez la place Rouge par la Moskova, que vous la traversiez, que vous dépassiez l'église contorsionnée qui amusait Napoléon, vous en sortez par la porte de l'Ascension. Si, cette porte de l'Ascension franchie, vous regardez autour de vous, vous voyez deux choses : d'abord, sur le mur de l'hôtel de ville, une plaque où, en grosses lettres neuves, une formule flamboie. Elle dit : « La religion est l'opium du peuple. » Ensuite, à trois pas, une de ces chapelles de rue, qui poussent en Russie comme des kiosques à journaux. Dans cette chapelle est une icône vénérée. Arrêté juste sous la plaque, le passant s'agenouille, bredouille ses vingt signes de croix, se découvre, prie saintement, et s'en va.

Ayant curieusement observé cela, vous irez par des rues qui ne sont plus livrées qu'aux piétons. Si, anciennement, dans l'ordonnance des villes, on avait construit des trottoirs et des chaussées, on s'était trompé. Quand il est des personnes qui circulent à pied, il n'est pas tolérable qu'il y en ait d'autres qui se transportent en voiture. Il n'y aura pas de voiture. Il n'y aura pas non plus de gens dont la mise pourra faire honte aux autres. Si tous ne peuvent être coiffés du bonnet, vêtus d'oripeaux, s'il existe encore des habits à coupe européenne, ils seront vieux, ils seront sales. Vous verrez, par les vitrines, qu'autrefois des magasins existèrent, et que ce n'est pas parce que l'on ne sait pas qu'on ne peut plus rien acheter, mais parce qu'il ne le faut plus. Ce qui vous semblera la mort ne sera que la naissance d'un nouveau monde. La civilisation décadente avait créé des besoins à l'homme, la civilisation régénératrice l'en a dépouillé.

Tout en allant, tout en allant sans savoir où, mais pour aller, vous tomberez sur le marché.

Vous ne saurez pas tout de suite que c'est le marché. Ce sera une grande place avec beaucoup, beaucoup de gens dessus. Les uns, debout, seront immobiles ; les autres passeront, et tous dans les yeux auront peur, car le trafic est défendu. Qui vend, pour vivre, ce qu'il possède, est « spéculante ». Cette femme que voici, et qui attend acquéreur pour ses deux tasses à thé, est « spéculante ». Ce vieux colonel, droit, maigre et fier, qui tâche de bazarder la vareuse qu'il avait l'honneur de porter lorsqu'il sabrait pour la Russie, voilà dix-sept ans, en Mandchourie, est « spéculante ». On les mènera en prison si la ronde passe.

Tous ceux qui ont quelque chose à vendre sont là, immobiles, tenant l'objet dans leur main tendue comme les pauvres tendent la leur, le dimanche matin, aux portes des églises.

Cette mère et ses trois petites filles présentent à elles quatre un peigne d'écaille, une carafe en cristal, un stock de vieux rubans et un cadre pour photographie. C'est la petite, huit ans ! qui tient le cadre. On vend du beurre, on vend des œufs. Cette ci-devant ouvrière-là n'a que des aiguilles à offrir ; les exposant, elle les serre entre ses doigts et elle attend.

Et tous ces humains sont muets.

Puis au centre de la ville, où l'on ne respire plus, il y a un grand jardin, partant de la porte de l'Ascension et qui va vers la cathédrale. De cinq à huit, il y a beaucoup de personnes dans ce jardin. Elles sont assises, ou par terre ou sur les bancs. Elles sont nombreuses, très nombreuses, on dirait que tous ceux de Moscou, qui sont sortis, sont venus là. Elles sont toutes sans mouvement, elles ont les yeux à terre. C'est difficile, penchées qu'elles sont, de distinguer leur visage. Ce qui vous frappe, c'est qu'elles sont libres, puisqu'elles sont dehors, assises dans un jardin, et qu'elles sont prostrées, comme un malfaiteur attendant sur la chaise d'un commissariat. Et tous les soirs, il y a un homme qui, dans l'espoir d'une pesée de pain, dans ce jardin, au-dessus de toutes ces têtes qui s'abandonnent, de toute son âme siffle de nostalgiques romances sur une flûte de Pan. Et on entend de très loin dans Moscou cette flûte de Pan :

Vois ces bijoux, ils sont pour toi.
Vois ces richesses...
C'est ce qu'il joue.

La cité où tout est étouffé a cependant des flots qui montent. Ce sont des malheureux qui se rendent au spectacle. Les théâtres sont devenus des gouffres où, afin d'oublier, les gens se précipitent. Il semblerait qu'ils ont l'impression que les ors des murs vont redorer leur existence. Ce que la vie ne peut plus leur donner, ils le demandent à la magie. Il n'y a pas seulement les prolétaires pour s'asseoir devant la rampe, il y a tous les ci-devant, et tant pis si on les bouscule à la sortie : ces soirées-là — pas la salle, la scène —, c'est tout ce qui demeure de l'ancien temps. C'est la seule voix qui leur parle encore du passé. De l'époque brillante, tout est mort. Tout est nouveau. Lénine est nouveau, Trotski est nouveau, seul Chaliapine survit.

Chaliapine ! Ce sont les ruisselantes soirées d'autrefois, ce sont les épaules nues où jouait le diamant, ce sont les soupers de minuit. Chaliapine ! C'est le fantôme des joies de jadis rôdant sur

Albert Londres

l'aujourd'hui cruel. Et comme à certaines heures on se retourne vers ses vingt ans, on s'en va revoir Chaliapine !

Excelsior, *26 mai 1920*

Lénine et Trotski

Moscou, avril 1920

Lions-les. Ils doivent l'être. Il n'y a pas de Lénine tout court, il n'y a pas de Trotski tout court : il y a Lénine, Trotski. Sans le premier, qu'aurait fait le second ? Sans le second, qu'aurait fait le premier ? C'est Lénine qui a dit : « Là, dans ce rocher se cache une source, si quelqu'un frappe, elle jaillira. » Et c'est Trotski qui a frappé.

L'un, Lénine, est sédentaire ; l'autre, Trotski, est ambulant. Lénine médite, un chat sur les genoux. Trotski se fait chauffer des trains. Lénine ne sort pas de Moscou. Il sort même peu du Kremlin. S'il prend l'air, c'est comme le pape, entre les murs de sa forteresse. Trotski roule dans son auto, roule dans son wagon. Où est Trotski ? Il est en Sibérie. Où est Trotski ? Il est sur la Haute-Bérésina. Et il est à Petrograd, s'il n'est pas à Toula. Lénine réfléchit, écrit. Il publie des brochures : la Grande Initiative, le Travail libre et gratuit, Études théoriques dans l'Internationale communiste. Il fut journaliste, il le reste. Un journaliste, président du Conseil, dans notre vieux monde, dépose sa plume. Lui, la redore. C'est son moyen favori d'action. Dans chacune des brochures des soviets, il y a un Lénine. Ce n'est pas un écrivain du genre brillant. Ce n'est pas le lyrisme qui le porte. Ses proclamations ne sont pas du d'Annunzio sur les murs de Fiume. Il opère par procédés froids. Infatigablement, il assure que la XIème Internationale n'est qu'une pensée avortée. Il prend son chef, son rival d'hier, Kautsky, le met sur la dalle et, savamment, l'autopsie. Il ne s'emballe jamais, il s'obstine toujours.

Les Trotski — Trotski aussi était journaliste — ne sont pas de la même veine. Ils ne sont pas « pensés », ils sont bâclés. Trotski, lui, ne médite pas, il agit. Ses articles ne sont pas bourrés d'idées, mais de coups de poing.

Lénine parle. Il ne sort pas pour se promener, il sort pour parler. Il ne recule pas devant un discours. Congrès politiques et professionnels le voient apparaître. Il parle comme il écrit : sans effet. Il n'est pas plus orateur que polémiste. Ses discours sont sans habileté, sans truc. Ce n'est pas de la cuisine artistement préparée. Il ne vise pas au succès extérieur. Son but n'est pas d'arracher au bout d'une tirade des « oh ! » d'admiration aux auditeurs. C'est une conversation qu'il vient tenir à la foule.

Au Grand Théâtre, il arrive sur la scène. La salle est noire de camarades. Il se promène tranquillement, mains aux poches. Il a commencé son discours qu'on ne s'en est pas aperçu. Sa voix ne résonne pas ; lui ne vibre pas davantage. Il parle, se promenant toujours. Son langage est simple. Il se sert d'expressions populaires. La seule fantaisie qu'il ait, sont des plaisanteries joviales. Il dira, par exemple :

— Pourquoi voudriez-vous, camarades, que le corps fût composé de tant de parties si, réellement, on ne devait penser qu'à son ventre ?

Il agit sur ces masses par répétitions. Exemple : s'il parle sur la nécessité de travailler joyeusement, il redira cent fois dans un discours d'une heure : « Il faut travailler joyeusement ; il faut travailler joyeusement. » Il vous poursuit de son idée comme une horloge de son tic-tac. Seul, dans sa physionomie, l'éclat bizarre de ses petits yeux frappe. En dehors de cela, rien ne brille chez lui, pas même son crâne, qu'il recouvre d'une casquette lorsqu'il a fini.

Trotski, sur la scène, est plus dompteur. Il ne paraît pas sans avoir préparé sa cravache. Ce qu'il vient dire, il l'a rangé en ordre de bataille. Bataillon par bataillon, tout défilera. Pas de théâtre, il ne ponctuera pas ses finales d'un geste. Il n'aura même jamais de geste. De la voix, Lénine traitera de points de doctrine ; lui, cela n'est pas son affaire. Son affaire, ce sont les faits. Ce qu'il lui faut, c'est de la substance.

— Camarades, les chemins de fer ne marchent pas ; ils doivent marcher ; et pour cela j'ai décidé...

Et il faudrait voir qu'un murmure s'élevât ! De temps en temps, il assure son binocle. Quand ce qu'il a à dire est dit, il ne s'arrête pas à sourire ; les applaudissements, depuis longtemps, ne caressent plus son épiderme. Il saute dans son auto, et en vitesse !...

Lénine, pour les siens, est le génie. Son infaillibilité est un dogme. Qui a poussé, malgré Trotski, à la signature de la paix de Brest-Litovsk, « sachant fort bien qu'un temps prochain se chargerait de l'annuler » ? C'est Lénine. Qui, dès le début, dit en public : « Camarades, la formation des armées blanches, payées mais mal soutenues par l'Entente, est pour nous un grand mal d'où naîtra un grand bien. Ainsi nous ferons voir que nous sommes le pays » ? C'est Lénine. Il réalise pour « les siens », et grâce à la clarté de son intelligence, l'idéal scientifique du communisme. Bref, il est le théoricien au plus haut degré, le pilote à l'œil sûr. « Lui à la barre, vivent les tempêtes : elles prouveront qui nous sommes. »

Trotski ne nage pas dans tant d'idéologie. Son but n'est pas de démontrer que, s'il est au pouvoir, c'est que l'heure du marxisme, à l'horloge sociale, a sonné, mais que, puisqu'il y est, il est de taille à s'y maintenir.

Pour réaliser son règne, il ne reculera devant rien. Il ne sait pas toujours ce que le peuple russe désire, mais il sait ce qu'il désire du peuple russe, et ça lui suffit. Les difficultés ne l'arrêtent pas, elles l'éperonnent. Son énergie est sans contrôle. Il porte cette férocité réalisatrice dans les deux traits qui tranchent son visage, du nez aux commissures des lèvres. La première sensation que l'on éprouve devant lui est plutôt inquiétante. Si l'on était impressionnable, on se demanderait : « Eh ! Eh ! Que va-t-il bien me faire ? » Ses qualités font qu'il se trouve à sa place partout. Où il est besoin d'un sursaut d'énergie, on appelle Trotski. C'est l'homme des coups de chien.

Les transports flanchent, Trotski prend les transports. Contre Youdenitch, c'est lui qui sauva Petrograd, Youdenitch était à cinq kilomètres de la Nevski, tout le monde croyait tout perdu ; lui, Trotski, n'a rien voulu croire. Il est parti pour Petrograd. Il a ramassé tout ça dans sa poigne. Pendant ce temps-là, Lénine rêvait dans son Kremlin.

Lénine est moins craint. On trouve des indulgences pour lui jusque chez ses victimes. « Il ne sait pas », c'est ce qu'on dit. « Mon père, pardonnez-leur, car ils ne savent ce qu'ils font. » À son nom, des légendes se sont attachées. Dans son pays, sur la Volga, on assure qu'il est la réincarnation du héros cosaque Stenka Razine, revenu dans notre vallée de larmes pour redonner la terre aux paysans. On le croit sincère : on le maudit mais on le respecte.

Trotski, lui, c'est la réincarnation de la schlague. On tremble à son nom. On le hait.

Lénine est encore autre chose que le héros cosaque Stenka Razine. « Camarades, s'écrie Zinoviev, à Petrograd, Lénine n'est pas seulement notre chef, il n'est pas seulement l'élu de millions d'hommes, il est notre maître par la grâce de Dieu, le maître authentique, celui qui, dans l'Histoire de l'humanité, naît tous les cinq cents ans. »

C'est la IIIème Internationale : *Gott mit uns* !

Excelsior, *27 mai 1920*

FIN

———————————————

Table des matières

Dépôt légal : Novembre 2016